Ángeles

LAS FUERZAS OCULTAS DEL UNIVERSO

Leo Kabal

Editorial Creación

Temática: Angelología, Espiritualidad, Magia y Filosofía Oculta, Astrología

© Leo Kabal
© Editorial Creación
   Jaime Marquet, 9
   28200 - San Lorenzo de El Escorial
   (Madrid)
   Tel.: 91 890 47 33
   http://www.editorialcreacion.com
   http://editorialcreacion.blogspot.com/

Diseño de portada: Mejiel

Primera edición:abril de 2012
ISBN: 978-84-95919-84-7
Depósito Legal: M-6993-2012

CONTENIDO

Índice alfabético de los 72 ángeles

AGRADECIMIENTOS

Deseo agradecer de todo corazón a todos aquellos que han hecho posible que este libro vea la luz, principalmente a las fuerzas ocultas que están detrás de todo acontecimiento físico para que la Humanidad pueda seguir su curso evolutivo, a los iniciados que han alcanzado a ver más allá y cuya enseñanza ha sido una fuente de inspiración de inapreciable valor, y también a todas aquellas personas que, sabiéndolo o sin saberlo, han aportado su ilusión y su granito de arena.

INTRODUCCIÓN

Cuando miramos a nuestro alrededor podemos contemplar las bellezas del Universo en todo su esplendor, desde la lejanía de una estrella hasta la cercanía de una flor, sin dejar de lado, por supuesto, a todo lo demás, ya sea que pertenezca al mundo mineral, animal o humano. Ninguna de estas cosas parece detenerse, sino que todas, absolutamente todas, avanzan con paso firme hacia adelante.

Vemos cómo lo más cercano a nosotros va cambiando de aspecto. Todo nace, crece, se reproduce y, finalmente, deja de ser; al menos en este plano y para nuestros ojos limitados a un estado concreto de conciencia.

Todo esto nos parece normal y, la mayoría de nosotros, no le damos la mínima importancia. La ciencia nos ha dicho que este ir hacia delante de todas las cosas, este crecer, obedece a unas energías invisibles a nuestros ojos que proceden del Sol, junto a un equilibrio perfecto de la tierra, el aire y el agua de la lluvia. En el caso de los seres humanos, el ADN marca nuestra configuración física, nuestro crecimiento, nuestras predisposiciones a ciertas enfermedades, etc.

No dudamos de nada de esto porque nos lo dicen los científicos, al igual que no dudaremos en el futuro de los nuevos descubrimientos de la ciencia, porque serán hechos irrefutables, como hoy lo es que todo está en evolución constante y camina con paso firme hacia un futuro inevitable. Pero ¿qué, quién o quiénes son los que lo hacen caminar? Allí donde los científicos sólo alcanzan a ver energías que actúan en determinada dirección y piensan que se mueven por sí mismas, algunos iniciados, que aseguran haber alcanzado una vista superior, pueden llegar a vislumbrar a otros seres que manejan dichas energías y las dirigen en la dirección adecuada para hacer que todo en el cosmos siga su curso evolutivo. Para ellos, estos seres son los llamados ángeles, devas, genios o por cualquier otro nombre que se les pueda conocer en determinadas culturas. Si en nuestro actual estado de conciencia no podemos llegar a verlos es simplemente porque no hemos desarrollado todavía el tipo de órgano que nos permitiría hacerlo. Pero eso no quiere decir que no existan, pues un ciego de nacimiento no podría decir que lo que hay en el mundo no existe, sólo porque él no pueda verlo.

Las fuerzas ocultas del Universo han sido conocidas con el nombre genérico de Ángeles, y están presentes en toda la historia de la Humanidad. Los testimonios son innumerables, algunos de los más importantes han sido recogidos en nuestro libro *Apariciones y encuentros con ángeles,* publicado por esta misma Editorial. En el presente libro se dan a conocer sus nombres y sus funciones específicas. Se intenta, además, dar respuesta a numerosas incógnitas relacionadas con ellos, como ¿cuál es su origen?, ¿quiénes son?, ¿han sido creados por Dios?, ¿qué significan exactamente la dos caídas, la Angélica y la Terrenal?, ¿han participado en la Creación...? Y, por supuesto, lo más importante de cara a nuestra propia evolución, ¿quiénes son los ángeles de la guarda?, cómo podemos saber cuáles son los nuestros (los que nos protegen a cada uno de nosotros) y cómo podemos trabajar adecuadamente con ellos para mejorar nuestra vida y la de los demás.

I. ¿QUÉ SON LOS ÁNGELES?

*«El nombre de ángel indica su oficio,
no su naturaleza. Si preguntas por su
naturaleza, te diré que es un espíritu;
si preguntas por lo que hace, te diré
que es un ángel».*

San Agustín

La palabra ángel proviene etimológicamente del griego, y significa
«mensajero» (el que trae y lleva las noticias). Los mensajeros o ángeles[1] son criaturas que, en esencia, pertenecen al mundo espiritual. Se
denominan así porque tienen la función, entre otras, de comunicar a
los hombres los mensajes divinos. O dicho de otro modo: traen a los
humanos las palabras o símbolos del mismo Dios y, también, llevan a
Dios los mensajes de los hombres, es decir, son intermediarios entre
Dios y los hombres. Así, cualquier plegaria, petición, acción de gracias o conversación que mantenemos con el Creador son recogidas y
llevadas hasta su destino por los ángeles. Así mismo, Dios también se
vale de estos mensajeros celestes cuando quiere comunicarse con nosotros. Estas dos, según nos han transmitido los testimonios de todos
los tiempos, son las funciones angélicas más conocidas y tradiciona-

---

[1] La palabra *ángeles* se utiliza para denominar a toda la corte celestial, aunque,
como veremos a lo largo del libro, éste también es el nombre propio de una de las
Jerarquías.

les, pero, como veremos más adelante, tienen otras muchas funciones iguales o quizá más importantes.

Eros y Psyque (La abdución de Psyque). Adolphe-William Bouguereau.

En el Antiguo Testamento, vemos como Dios se sirve siempre de los ángeles para comunicarse con los hombres, ya que ningún hebreo podía hablar a Dios cara a cara si no lo hacía a través de un ángel. En este sentido, hablar con un ángel o decir que hablaba el ángel del Señor equivalía a decir que se hablaba con Dios o que era Él mismo el que nos dirigía la palabra.

La historia de los ángeles se remonta al origen de los tiempos y sobre su esencia y forma se han dicho muchas cosas. En principio, se representan provistos de alas y un aura luminosa, lo cual puede obedecer, por una parte, a varias descripciones bíblicas como la que hace, por ejemplo, el profeta Ezequiel de los Tronos, los cuales aparecen con alas: «Y debajo de sus alas, a sus cuatro lados, tenían manos de hombre; y sus rostros y sus alas por los cuatro lados». (Ezequiel 10: 8) [2], y por otra, al hecho de hacerlos semejantes a los dioses, con los que muchas veces se han identificado. En efecto, aquí también podemos ver la figura de algunos dioses griegos como Hermes y Eros provistos de alas. Esta representación alada puede estar igualmente motivada por el mero hecho de dejar plasmada la idea de su principal atributo de mensajeros de Dios, y constancia de la presteza con que aparecen y desaparecen y de su capacidad para llegar al mismo trono Divino, cosa de difícil

---

[2] Esta descripción de Ezequiel acerca de los Tronos ha sido interpretada muchas veces como un avistamiento OVNI, aunque, en mi opinión, se trata de una visión puramente angélica.

alcance para un ser humano en su cuerpo físico. También puede hacer referencia a la idea de la sutilidad, libertad y rapidez del espíritu con respecto al cuerpo físico.

No obstante, la mayoría de las descripciones que el Antiguo Testamento hace de ellos los presentan con apariencia humana, aunque no sea ésta su forma real. Recordemos a Tobías y a su acompañante misterioso, al que da cobijo y comida. Cuando este ser se revela como el arcángel Rafael, le dice a Tobías: «A vosotros os parecía verme comer, pero yo no comía nada, era sólo apariencia» (Tobías 12:19). De semejante manera, Abraham es visitado por tres ángeles con apariencia humana:

> *«Y alzó sus ojos, y miró, y he aquí tres varones que estaban junto a él; y cuando los vio, salió corriendo de la puerta de su tienda a recibirlos, y se inclinó hacia la tierra, Y dijo: Señor, si ahora he hallado gracia en tus ojos, te ruego que no pases de tu siervo. Que se traiga ahora un poco de agua, y lavad vuestros pies; y recostaos debajo de un árbol, y traeré un bocado de pan, y sustentad vuestro corazón; después pasaréis, porque por eso habéis pasado cerca de vuestro siervo. Y ellos dijeron: Haz así como has dicho»* (Génesis 18: 2-5).

También en Hebreos 13: 2 se nos dice: *«No olvidéis la hospitalidad, pues por ella algunos, sin saberlo, hospedaron ángeles».*

De estos pasajes podemos deducir que los ángeles no tienen una forma definida, sino que adoptan la forma que desean en función de la misión que deban realizar en cada momento. Su esencia, no obstante, no es física, al menos no lo que entendemos por aquello que puede ser medido, pesado y cuantificado experimentalmente con el método científico actual.

Abraham y los ángeles. Bartolomé Esteban Murillo.

En otras culturas como la hindú y la budista, los ángeles reciben el nombre de devas (divinidad resplandeciente). Se trata de un ser celestial que, por sus funciones y características, muchos de ellos podrían asemejarse a nuestros ángeles occidentales, aunque en aquella categoría de seres entran a formar parte también los espíritus de la naturaleza, tales como hadas, gnomos, ondinas, sílfides, etc. y alguna clase de demonios.

Zaratustra, el profeta y reformador de la religión persa, y que tuvo bastantes encuentros con ellos, los cuales describe en su libro *Avesta*, sostenía que los ángeles no eran seres que se situaban entre Dios y los hombres, sino proyecciones y extensiones del mismo Dios (Ormuz) hacia la Humanidad, es decir, lo que llamaríamos hoy un *holograma*.

La tradición oculta afirma que todo ser creado lo ha sido en diferentes etapas, y en cada una de ellas se le ha dotado de un cuerpo diferente. Así, por ejemplo, el ser humano tendría 7 cuerpos: Espíritu Divino, Espíritu de Vida, Espíritu Humano, Cuerpo Mental, Cuerpo de Deseos, Cuerpo Etérico y Cuerpo Físico. Cada Vehículo o Cuerpo se habría formado con la esencia de los Mundos Divinos, denominados Mundo de Dios, Mundo de los Espíritus Virginales, Mundo del Espíritu Divino, Mundo del Espíritu de Vida, Mundo del Pensamiento, Mundo del Deseo y Mundo Físico (que se divide en Región Etérica y Región Física). En este sentido, se atribuye a los ángeles, es decir, a la jerarquía llamada así [3], un cuerpo etérico como el inferior; a los arcángeles, un cuerpo de deseos como el inferior; y así sucesivamente a medida que la jerarquía es más elevada. Pero esto es debido a que la Creación se establece por oleadas de vida, donde cada oleada no sigue el mismo camino que las demás, sino un camino parecido. Así, por ejemplo, en cuanto a su creación se refiere, el arcángel es anterior al ángel; el ángel anterior al ser humano y el ser humano anterior al animal. Pero toda la creación, no obstante, está contenida en Dios. Como dice San Pablo: «En Él vivimos, nos movemos y tenemos el ser». Tendremos ocasión de explicar este punto con más detalle en posteriores capítulos.

Lo dicho hasta ahora baste para concluir que el ángel es un ser de luz cuya esencia es espiritual, y su forma, cualquiera que quiera adoptar en función de su misión en cada momento determinado. Tienen cuerpos, al igual que el ser humano, pero el mundo en el que se mueven depende de su cuerpo inferior. Así un ángel propiamente dicho se mueve principalmente en el Mundo Etérico; y un Arcángel, en el Mundo del Deseo. Como hemos explicado anteriormente, son intermediarios entre Dios y los hombres, esto significa que traen el mensaje de Dios a los hombres y llevan el mensaje de los hombres a

---

[3] Los nombres de todos los coros en orden descendente son los siguientes: Serafines, Querubines, Tronos, Dominaciones, Virtudes, Potestades, Principados, Arcángeles y Ángeles.

Dios. Así, cuando nos dirigimos a Dios con nuestras palabras o en oración, un ángel recoge el mensaje y lo lleva a Dios. En un sentido más parecido a lo humano, podríamos decir que son funcionarios del cosmos y, como veremos más adelante, sus funciones no acaban en ser simples mensajeros, sino que son los verdaderos artífices del Universo.

Creación de Adán (Detalle), 1510. Miguel Ángel.

Según algunas teorías, en la Creación participaron las Jerarquías Angélicas. En el fresco de Miguel Ángel se puede apreciar cómo, en la Creación del hombre, Dios no actúa solo, sino que lo hace acompañado por los ángeles.

II. EL ORIGEN DE LOS ÁNGELES

En general, se ha mantenido que los ángeles y toda la corte celestial fueron creados por Dios, pero ésta es una explicación global de la Creación que no tiene en cuenta los detalles, igual que la creación del mundo narrada por la Biblia. Si sólo nos fijamos en el sentido literal, tendríamos que aceptar que la Creación fue terminada en 7 días, cosa que hoy parece poco creíble, ya que las investigaciones científicas hablan de millones de años. Por tanto, los siete días del Génesis hemos de interpretarlos en un sentido simbólico. De la misma manera, tenemos que acercarnos a la afirmación de que Dios creó a todos los ángeles, pues interpretar esto demasiado literalmente podría conducirnos a algún error.

No obstante, muchas religiones lo interpretan de esta forma y consideran a todos los ángeles como creados por Dios y no participando de eternidad juntamente con Él o preexistentes a la Creación.

Así lo hace la religión judía, para la cual los ángeles son creados por Dios.

La religión católica, que parte de la judía, cree que Dios creó de la nada todas las cosas que existen, incluidos los ángeles, aunque muchos teólogos consideran que algunos eran preexistentes a la creación del Universo, lo cual puede encontrar eco en la Biblia en el libro de Job:

O también en algunos libros apócrifos.

Según algunas teorías, en la Creación participaron 7 arcángeles, cuyos nombres son Miguel, Gabriel, Rafael, Orifiel, Zachariel, Anael y Samael.

Según otras teorías acerca de la Creación, también participaron en ella las Jerarquías Angélicas, de las que hablaremos más adelante.

---

[4] Aquí *hijos de Dios* equivale a los *ángeles*.

III. LOS ÁNGELES EN LAS RELIGIONES

Aunque la historia de los ángeles es anterior a la fundación de las religiones más importantes, podemos decir que todas ellas los adoptan y creen en ellos de una u otra forma: como espíritus que rodean el trono de Dios, como sus mensajeros, como genios con poderes extraordinarios… En definitiva, los ángeles están presentes en todas las culturas y sus apariciones son frecuentes a lo largo de la historia. A continuación, repasaremos brevemente la tradición angélica en las religiones y tradiciones espirituales más relevantes en la historia de la Humanidad.

Tradición egipcia

En la tradición egipcia podemos distinguir una serie de divinidades menores que podrían perfectamente referirse a los ángeles y demonios. Por un lado, tenemos a los genios buenos, denominados achu (seres de luz), divinidades que custodian los espíritus de los difuntos, y por el otro, los genios perversos y temibles. Estos demonios o espíritus infernales impiden a los difuntos su paso al más allá. También tenemos a la temible Devoradora, quien, fiel al significado de su nombre, devora a todos los que han muerto y son hallados culpables por haber sido malvados en su vida terrena.

Numerosas son las representaciones de dioses alados, y se caracterizaban por ser principalmente del género femenino. Pero, no obstante,

Genio o Ángel alado asirio.

también hay algunas imágenes de ángeles masculinos, como, por ejemplo, los ángeles guardianes de Nimrud [5].

Zoroastrismo

En la antigua Persia, la religión más antigua que se conoce es la de Los Magos [6], fundada por Zoroastro. En esta religión, el Ser o principio del Bien es Ormuz, mientras que el mal está representado por Ahrimán.

Para el zoroastrismo, la creación del mundo empezó a través de emanaciones de lo Eterno o Ser Supremo. La primera emanación fue la luz, de donde vino el rey de la luz, Ormuz. Después, por medio de la palabra, Ormuz creó el mundo, del cual es conservador y juez. A continuación, creó a su imagen y semejanza seis genios o espíritus llamados *amshaspands*, que rodean su trono y su misión es la de ser sus *mensajeros* para los espíritus inferiores y los hombres, llegando a representar para ellos un ejemplo de pureza y perfección. Después crea a los veintidós *izads*, quienes tienen la misión de velar por la inocencia, la felicidad y la conservación del mundo. La siguiente hueste de genios o espíritus creados

El rey combatiendo con el monstruo que simboliza a Arhimán, el espíritu del Mal.

---

[5] Nemrod o Nimrod fue un monarca legendario de Mesopotamia, mencionado en el capítulo 10 del libro de Génesis, quien además figura en numerosas leyendas y cuentos.

[6] También es conocida por los nombres de *zoroastrismo, parsismo, mazdeísmo y magismo.*

por Ormuz son los *farohars,* que representan sus pensamientos, o sus ideas anteriores a la creación de las cosas.

Paralelamente a la creación de los espíritus buenos por parte de Ormuz, se produce la creación de los espíritus malos como inevitable consecuencia del desarrollo del principio del mal: Arhimán, el segundo hijo del Eterno, que, emanando puro como Ormuz, no obstante, debido a su ambición y su soberbia, concibió la pasión de la envidia. Por lo cual fue castigado por el Ser Supremo a vivir en las tinieblas por un periodo de doce mil años, un tiempo suficiente para establecer el triunfo del bien sobre el mal. Pero Arhimán creó, como hemos dicho, una gran oleada de espíritus malos simultáneamente a la creación de los espíritus buenos por parte de Ormuz. Estos espíritus malos llevan a la Tierra miseria, impureza, codicia y crueldad.

La creación del mundo fue realizada por parte de Ormuz en seis etapas y en el mismo orden que se sigue en el Génesis bíblico: la luz terrena (no la celestial), el agua, la tierra, las plantas, los animales y el hombre.

La primera pareja humana fueron el hombre *Meshia* y la mujer *Meshiana.* Arhimán, al igual que en el Génesis bíblico, sedujo a la mujer y después al hombre, lo que hizo que tanto la naturaleza humana como la animal fueran pervertidas. Como castigo por su maldad, Arhimán y sus espíritus fueron vencidos y arrojados de todas partes. Desde entonces se libra la batalla entre el bien y el mal, entre los seguidores de Ormuz y los seguidores de Arhimán. Los hombres son los únicos que pueden elegir moralmente y se les exige seguir el camino de los espíritus del bien, Ormuz y sus espíritus, o el de los espíritus del mal, Arhimán y los suyos.

Al final, se espera un juicio, donde los seguidores de Ormuz y del bien volarán a la región de los bienes inmutables y eternos, mientras que Arhimán y todos los que lo hayan seguido serán echados a un mar de metal derretido y en estado de licuefacción, y la ley de Ormuz reinará en todas partes.

Como podemos apreciar, el nombre que se utiliza en la religión de Zoroastro para llamar a los ángeles de luz, y que preceden a la tradición judeocristiana son *amshaspands, izads y farohars.*

Miniatura persa.

Los *amshaspands* obviamente son los que más se acercan al concepto judeocristiano de ángeles o espíritus guardianes de los seres humanos, pues a ellos se les encargan las diferentes tareas de mensajeros celestiales y protectores de la Humanidad.

Islamismo

Muchos de los ángeles en el Islam proceden de la tradición judeocristiana. Se conciben como seres creados por Dios y dedicados a su servicio. Tienen varias funciones, como introducir el alma en el cuerpo de los recién nacidos, registrar los hechos de la vida, mensajeros celestes, recoger el alma de los que mueren. Mahoma recibió la revelación por mediación del Arcángel Gabriel.

Son seres de luz que no procrean ni están dotados de libre albedrío. Son puros y no pueden cometer pecados. Pueden adoptar apariencia humana siempre que lo crean conveniente.

El ángel Gabriel limpiando el corazón de Mahoma.

Existen cuatro ángeles principales, Yibril, Azra'il, Mika'il e Israfil (a todos menos a Azra'il se les menciona en el Corán) y otros ángeles menores. Yibril o Yibra'il (Gabriel) que es el jefe de todos los ángeles y también el mensajero de Dios para todos los profetas. Es el que ha revelado no solo el Corán sino también los Evangelios, los Salmos y la Torá a sus destinatarios respectivos. Azra'il (Azrael), que es el ángel de la muerte, encargado de que el alma humana abandone el cuerpo. La separación de alma y cuerpo puede hacerse de un modo más dulce o más violento dependiendo del comportamiento que haya tenido la persona en vida. Mika'il (Miguel), que es el encargado de la lluvia y del trueno. Por último, Israfil (Rafael), que es el encargado de dar la señal de la llegada del Día del Juicio, con la «trompeta de la verdad», y de sembrar las almas en sus cuerpos antes de nacer.

Miniatura del *Libro de la maravillas de la Creación,* de al-Qagwini (1281-1331
Pintura de al-Wasiti (1280).

Hinduismo y Budismo

El Hinduismo cree en muchos dioses, que son percibidos como emanaciones divinas de un Ser Supremo. Entre estos dioses o emanaciones divinas se encuentran los devas, que, como hemos dicho, por sus funciones, equivalen a nuestros ángeles occidentales. Así que el hinduismo tiene un Dios, pero tiene muchos dioses, entre los cuales están los devas. Bajo este término, cuyo significado es «celestial» o «brillante», también se conoce a los espíritus de la Naturaleza, como ya se ha mencionado anteriormente.

Devas hindúes pintados en las paredes de Angkor Wat (en Camboya).

Judaísmo y Cristianismo

En la Torá [7], cuando el propio Dios se manifiesta ante los humanos, lo hace mediante su ángel, lo cual constituye una primera afirmación de la creencia en los ángeles por parte de los judíos. Pero, además, son numerosas las alusiones a los ángeles en el libro sagrado de los judíos.

Abraham recibe la visita de tres ángeles misteriosos que le dicen que va a tener un hijo. Sodoma y Gomorra son advertidas de su destruc-

---

[7] Libro sagrado de los hebreos que comprende los cinco primeros libros de la Biblia cristiana, el Pentateuco.

ción por unos ángeles. Tobías camina sin darse cuenta con el arcángel Rafael, hasta que éste le declara quién era, etc.

Ya en el libro del Génesis se hace una distinción entre los ángeles buenos y los ángeles malos: los malos tientan a Eva ofreciéndole el fruto prohibido; y los buenos prohíben la entrada en el Paraíso a Adán y Eva, una vez que han sido expulsados de él.

El propio pueblo de Israel está bajo la protección de San Miguel, uno de los cuatro arcángeles que se mencionan en la Torá. Los otros son Gabriel, Rafael y Uriel.

El cristianismo hereda gran parte de los ángeles del Judaísmo. Por tanto, cree en los ángeles buenos y malos y en toda la Jerarquía Celeste, que expondremos con detalle en el siguiente capítulo.

Abraham y los tres ángeles. Francken el Mozo. A diferencia de la pintura de Murillo (ver página 17), aquí los ángeles sí están provistos de alas.

IV. LAS JERARQUÍAS ANGÉLICAS

El Universo, desde el punto de vista de las Jerarquías Angélicas, se concibe como una emanación divina de pensamiento puro que, a medida que se aleja del centro (Dios) va perdiendo sutilidad, de tal forma que la primera jerarquía es la que más se acerca al pensamiento puro de Dios, y en la última, ese pensamiento se hace, por decirlo de algún modo, más oscuro.

La división celestial que más influencia ha tenido entre los cristianos a lo largo de la historia ha sido la de Dionisio Areopagita, que, en su libro *De Caelesti hyerarchia*, dividió el Cielo en tres triadas de coros angélicos. Los coros, en orden a su potencia decreciente, son los siguientes:

- Primera jerarquía: Serafines, Querubines, Tronos

- Segunda jerarquía: Dominaciones, Virtudes, Potestades

- Tercera jerarquía: Principados, Arcángeles, Ángeles

A lo largo de la historia se propusieron otras clasificaciones muy distintas. Los cabalistas, por ejemplo, invierten el orden del coro segundo dejándolo como sigue:

- Dominaciones, Potestades, Virtudes

El esquema del Universo, desde esta perspectiva, se basa en un círculo en el que Dios estaría en el centro y sería el punto más elevado de las Jerarquías, es decir, los Serafines estarían más cerca de Dios. Después, hacia la periferia, estarían las demás jerarquías dispuestas en círculos alrededor del centro (Dios). El Esquema es muy parecido a nuestra representación del Sistema Solar: el Sol en el centro y los planetas girando a su alrededor.

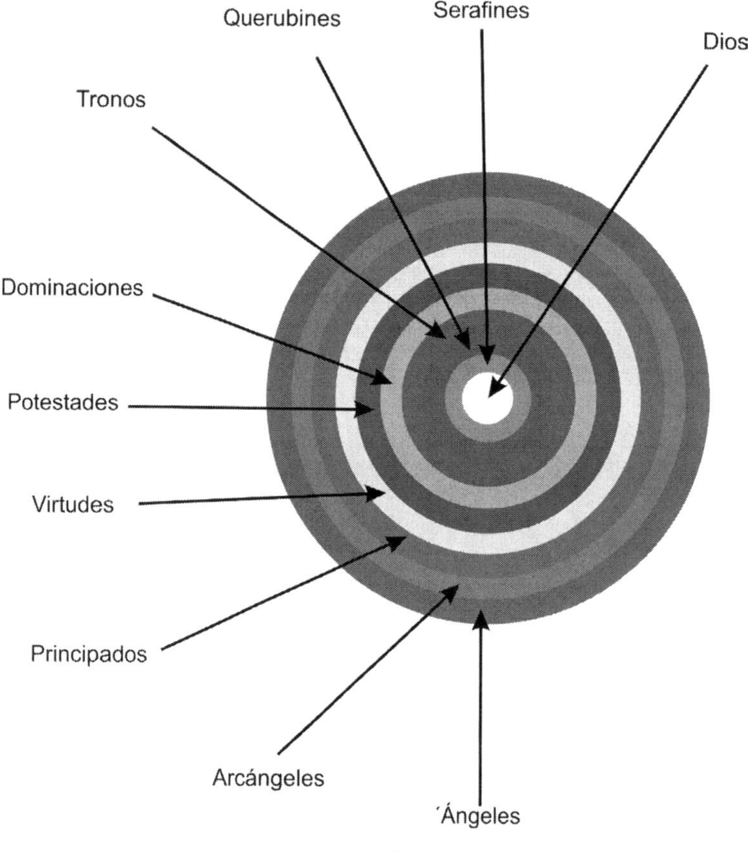

Figura 1

Cada coro angélico tiene una serie de funciones asignadas con respecto a la Humanidad. Las funciones más generales son las siguientes:

Serafines o Coro Primero

Serafines significa en hebreo «seres ardientes» o «seres de fuego».

Este coro tiene la vibración más elevada y su función principal consiste en repetir sin cesar, mientras rodean el Trono, una especie de mantra llamada en hebreo el Trisagio: *Kadosh, kadosh, kadosh* («Santo, Santo, Santo es el Señor de las Huestes, la Tierra está llena de Su Gloria»).

Si interpretamos esta aparente aburrida vida de los Serafines repitiendo siempre lo mismo, llegaremos a la conclusión de que vivir en esa esfera no es muy divertido. Pero debemos ir más allá y buscar el símbolo que se esconde detrás de esta forma de actuar. Hay una bella explicación que refiere que en realidad se trata de una canción de creación, una celebración, la música de las esferas. Esencialmente, es la vibración del más puro Amor en la cual se manifiesta la Vida. Por decirlo de algún modo, es el sonido creador de la Vida.

Visión del Empíreo (Cielo, Paraíso). Ilustración de Doré para *La Divina Comedia*.

Los nueve coros ángélicos se mueven en torno a la esfera central, que representa a la Divinidad. Ilustración de Gustavo Doré para la obra *La Divina Comedia* de Dante Alligeri.

Se dice que no están hechos por Dios, sino que son parte y esencia de Él. El profeta Isaías los describe como seres de seis alas:

> *«En el año que murió el rey Usías vi yo al Señor sentado sobre un trono alto y sublime, y sus faldas llenaban el templo.*
>
> *Por encima de Él había Serafines, cada uno tenía seis alas; con dos cubrían sus rostros, con dos cubrían sus pies, y con dos volaban»* (Isaías 6: 1,2).

El judaísmo atribuye a estas seis alas un poder de sanación, y los representa como serpientes doradas. El nombre de serpiente se relaciona con el caduceo hermético, donde dos serpientes se enroscan alrededor de una vara, actual símbolo de la profesión médica.

Querubines o Coro Segundo

La palabra Querubín viene del griego *querub* que podría significar «toro» o «los próximos» o «segundos», en referencia a que siguen al Coro de los Serafines, es decir, que pertenecen al Coro Segundo.

En el Génesis los Querubines eran los encargados de custodiar el camino del Árbol de la Vida para que el hombre no pudiese comer de él y hacerse inmortal.

> *Y dijo el Señor Dios: He aquí el hombre es como uno de nosotros sabiendo el bien y el mal; ahora, pues, para que no meta su mano, y tome también del árbol de la vida, y coma, y viva para siempre; y lo sacó el Señor del huerto de Edén, para que labrase la tierra de que fue tomado.*

> *Echó, pues, fuera al hombre, y puso al oriente del huerto de Edén* **querubines**, *y una llama de cuchillo que andaba en derredor para guardar el camino del árbol de la vida* (Génesis 3: 22-24).

Algunas escuelas esotéricas refieren que la caída de los luciferes trajo como consecuencia la caída del hombre, que violó la Ley de Jehová, al escuchar la voz de aquéllos. Los luciferes prometieron al hombre, es decir, a la humanidad infantil, que se abrirían sus ojos y serían como Dios, conociendo el bien y el mal, si comían del fruto prohibido, el cual les aportaría el conocimiento para llegar a ser dioses. En este sentido, el fruto prohibido haría alusión al acto generacional. La Humanidad apenas era consciente de sus cuerpos físicos y los luciferes les abrieron los ojos para que lo percibieran, haciendo que enfocaran su conciencia hacia él y perdieran poco a poco la percepción del mundo espiritual. A partir de ahí, el hombre dejó de oír la voz divina y se adentró cada vez más en el mundo material, precipitándose cada vez más en el mundo de los sentidos.

Al caer el hombre bajo el imperio del deseo, descubrió su capacidad generadora y el placer que va unido al acto sexual. Con el tiempo daría más importancia al placer sexual que al hecho mismo de crear cuerpos físicos. Esto creaba un conflicto con respecto a la anterior situación de la Humanidad en el Paraíso, ya que allí el acto generacional lo celebraban en distintas épocas del año bajo la tutela de los Creadores, que elegían el momento más apropiado. Esta expulsión del Paraíso es una consecuencia natural por haber quedado sometido el hombre a la influencia luciferiana.

Para no alargar más el tema, ya que tendremos ocasión de retomarlo (ver cap. La Caída y sus Consecuencias), diremos que esta prohibición reforzada con los Querubines para que el hombre no llegase al Árbol de la Vida y alcanzase la inmortalidad no significa que Dios no quiera que el hombre llegue a alcanzar la inmortalidad, sino solamente que el hombre no estaba preparado para alcanzarla en aquel momento.

Sobre la tapa del cofre o propiciatorio del Arca de la Alianza también descansaban dos Querubines dorados. Otro símbolo de la iniciación, pues era un ícono en el cual residía la presencia del mismo Jehová. Los antiguos hebreos tenían tal reverencia al arca, que su morada era el lugar Santísimo del tabernáculo de Dios, adonde sólo podía entrar el Sumo Sacerdote una vez al año, portando incienso y sangre de cordero sobre sí para no perecer a causa de la Presencia de Dios. Si entraba cualquier otro que no fuera el Sumo Sacerdote, perecía fulminado.

Si la vibración de los Serafines es la del Amor, la creación incesante, la música de las esferas, la de los Querubines, como hemos podido comprobar, es la de guardianes del camino de la iniciación o inmortalidad para que no la alcance cualquiera que no esté preparado. Como lo atestigua el hecho de que están siempre allí donde hay que custodiar algo sagrado. En este sentido, representan también el Conocimiento y la Sabiduría.

Tronos o Coro Tercero

La función de los Tronos es la de ser «carruajes de Dios» conducidos por los Querubines. También se les conoce por Ofanines, Galgalines y, entre los ocultistas, por Señores de la Llama. El término *galgal* tiene el doble significado de «rueda» y «pupila». En la cultura Merkabah judía, se les describe como las grandes «ruedas» o los de «múltiples ojos».

La descripción más completa de los Tronos dada en la Biblia los representa como un figura con alas, de la forma del hombre, llena de ojos y con cuatro cabezas, de las cuales una era de hombre, otra de león, otra de buey y otra de águila, con ruedas que daban vueltas en todas direcciones con la rapidez del relámpago, presentando las formas materiales más sublimes y los poderes de creación en unión y armonía perfectas (para ampliar información ver el capítulo Las visiones de Ezequiel, en el libro *Apariciones y encuentros con ángeles* (publicado en esta misma editorial).

Los escritos rabínicos afirman que todos los patriarcas hebreos, al llegar al Cielo, se convertirán en ángeles de este orden, aunque los teólogos cristianos no creen que sea así.

Dominaciones o Coro Cuarto

Otros nombres por los que se les conoce son Kuriotetes, o en la cultura hebrea Hasmalines.

Se les llama Dominaciones o Dominios porque, según se cree, dominan sobre todas órdenes angélicas encargadas de ejecutar la voluntad de Dios. Según Dionisio, este orden regula las obligaciones de los ángeles inferiores a ellos, haciéndoles conocer los mandatos divinos. Son los responsables de asegurarse de que el Universo se mantenga en orden. Se encuentran entre el límite de lo finito con lo infinito

Se cree que el superior de este Coro es Rafael, el ángel de la sanación. Por este motivo, a esta orden se le atribuyen poderes de sanación. Trabajan con el rayo verde y protegen los hospitales y los lugares dedicados a la curación de enfermos. Son portadores de misericordia. Su principal función es la de ser los *médicos del Cielo,* transmutando lo enfermo por lo sano.

Virtudes o Coro Quinto

También se les conoce por los nombres de Malakin, Dunamis o Tarshishim.

Son ángeles cuya función principal es la de ser portadores de *gracia* y *valor*. Son los responsables de conceder bendiciones y de que se realicen milagros en la Tierra. Se cree que los seres angélicos que acompañaron a Cristo en la Ascensión eran Virtudes. También se les asocia a los seres que suelen acompañar a la Virgen María para servirla.

Según el apócrifo *Vida de Adán y Eva*, doce ángeles *y* dos virtudes actuaron como comadronas en el nacimiento de Caín.

> *Y he aquí, vinieron doce ángeles y* **dos virtudes***, y se pusieron de pie a la derecha y a la izquierda de Eva, y Miguel estaba de pie sobre el lado derecho, y animando y ayudando dijo a Eva: «Bendita eres tú, Eva, y Adán en sí, sus intercesiones y oraciones son grandes, y el Señor me ha enviado para que reciban nuestra ayuda, te levanta ahora, y te prepara para soportar». Y dio a luz un hijo y él fue brillante, y al mismo tiempo el chico se levantó y corrió, tomó una brizna de hierba en sus manos, y se la dio a*

su madre, y fue llamado Caín (extraído del libro *El silencio de Dios*, página 290, capítulo «Apocalipsis de Moisés o Vida de Adán y Eva», Editorial Creación).

Potestades o Coro Sexto

Se les conoce también por los nombres de Potencias, Autoridades y Energías.

Habitan la región peligrosa que limita el primero y segundo cielo. Su función es la de combatir a los espíritus del mal que intentan apoderarse del mundo y destruir el orden divino. Actúan de guardianes fronterizos y están atentos a la infiltración diabólica. No obstante, San Pablo advierte que hay que tener cuidado con ellos, ya que pueden inclinarse tanto al bien como al mal. Algunos pueden identificarse con el lado oscuro del alma humana, aunque su verdadera vocación es la de equilibrar y reconciliar los opuestos. Pero, según algunos exegetas, al actuar de gendarmes y velar por el equilibrio cósmico, pueden ser tentados a hacer el mal.

El jefe de este Orden es Samael o Camael, nombre que significa «el que ve a Dios». Algunos aseguran que fue él quien luchó con Jacob. Hay mucha leyenda respecto a este ángel ya que, mientras unos lo consideran un Señor del infierno, otros lo identifican con el jefe de los ángeles guías de los espíritus que han dejado sus cuerpos y han perdido su camino en el plano astral.

Principados o Coro Séptimo

Los Principados tienen a su cargo a todas naciones y ciudades de la Tierra, así como a las grandes agrupaciones sociales, incluidas las 4 principales religiones mundiales.

Algunos interpretes bíblicos suponen que la Jerarquía de Principados, junto con la Jerarquía de Potestades pertenecen a las huestes de Satanás. Para ello se basan en una cita de la carta de San Pablo a los Efesios, donde los alerta contra ellos:

Porque no tenemos lucha contra sangre y carne; sino contra principados, contra potestades, contra señores del mundo, gobernadores de estas tinieblas, contra malicias espirituales en los cielos.

(Efesios 6: 12)

Pero un análisis más detallado de este versículo nos da la clave para su interpretación. El apóstol, en efecto, se está refiriendo a las huestes de Satanás. Más adelante (Ver cap. La Caída y sus consecuencias) veremos cómo los ángeles caídos son como una réplica de las Jerarquías Angélicas y, en la mayoría de los casos, toman los mismos nombres. Pero la diferencia es que pertenecen a la estirpe de los caídos. Si nos damos cuenta, San Pablo alerta sobre los gobernadores de las tinieblas, aunque, en este caso, utilice el mismo nombre que el de las Jerarquías Divinas.

Hay quienes también afirman, como hemos comentado en el punto anterior, que tanto potestades como principados pueden ser tentados fácilmente hacia el mal debido a su labor de guardianes y protectores frente a la infiltración diabólica.

Arcángeles o Coro Octavo

Junto con la Jerarquía de los Ángeles, los Arcángeles son los más conocidos a nivel humano, pues hay muchas historias populares sobre ellos, al menos sobre los tres más conocidos: Miguel, Rafael y Gabriel.

Reunión de los siete arcángeles, icono ruso de principios del siglo XIX.

Los siete espíritus ante el Trono de Dios se representan a menudo como siete arcángeles. Judíos y cristianos se muestran de acuerdo en este número; no así los musulmanes que solo hablan de cuatro, aunque sólo nombran a dos: Gabriel y Miguel. El libro de Tobías reconoce que los arcángeles son siete:

> *Yo soy Rafael, uno de los siete santos ángeles que presentamos las oraciones de los justos y tienen entrada ante la majestad del Santo* (Tobías 12:15).

Aunque este libro no es parte del canon hebreo y, por lo tanto, tampoco aparece en las biblias protestantes, al no considerarse un libro inspirado por Dios.

Los nombres de los siete son a menudo motivo de controversia, pues mientras hay cuatro seguros: Miguel, Rafael, Gabriel y Uriel, los otros tres restantes no lo son tanto.

El Libro de Enoch los denomina de la siguiente manera: Uriel, Raguel, Miguel, Seraquiel, Gabriel, Haniel y Rafael (III Enoch). En la lista dada por Dionisio Areopagita se cambian los nombres de Raguel, Seraquiel y Haniel por Jofiel, Chamuel y Zadquiel.

Sus funciones, según Dionisio Areopagita, son las de mensajeros que llevan los Decretos Divinos. Son los más importantes intercesores entre Dios y los hombres y comandan las batallas contra las fuerzas del mal. Otra de las funciones más modernas, dadas por los rosacruces, es la de ejercer de *espíritu grupo* de los animales. En este sentido, cada especie animal estaría gobernada por un Arcángel o Espíritu Grupo.

Rudolf Steiner dio cinco conferencias en octubre de 1923, publicadas con el título de *Las Cuatro estaciones y los Arcángeles*, en las que se detallan las cualidades de cada uno de los 4 arcángeles principales (Miguel, Rafael, Gabriel y Uriel) en función de las cuatro estaciones de la Tierra. El otoño es Miguel, en que se celebra la festividad de la Voluntad Fuerte, y la energía que se pone en movimiento renueva nuestro ser interior. El invierno es Gabriel, cuya festividad es la Navidad, y las fuerzas que irradia hacia la Tierra son de bendición y Amor. La primavera es Rafael, época en la que se celebra la muerte y resurrección del Redentor. Sus fuerzas curativas benefician al ser humano. Y el verano es Uriel, y se celebra la fiesta de San Juan, sus fuerzas transforman nuestros defectos en virtudes.

De izquierda a derecha, *Raguel, Gabriel, Remiel, Miguel, Uriel, Rafael* y *Zerachiel*. En el centro, abajo, representaciones de dos querubines y un serafín.

- ## **Arcángel Miguel**

Sin duda, el más popular. Su nombre significa «Semejante a Dios». Es el más poderoso de los arcángeles ya que lidera los ejércitos de Dios en la religión judía, islámica y cristiana.

Los hebreos lo consideran el protector de Israel, pues en algunos libros del Antiguo Testamento se le atribuye esta función.

> *Mas en aquel tiempo se levantará Miguel, el gran príncipe que está por los hijos de tu pueblo; y será tiempo de angustia, cual nunca fue después que hubo gente hasta entonces; mas en aquel tiempo tu pueblo escapará, todos los que se hallaren escritos en el libro* (Daniel: 12,1).

Según la tradición judía, fue Miguel el que detuvo la mano de Abraham cuando éste se disponía a sacrificar a su hijo Isaac, y también el que se apareció a Moisés en la zarza ardiente y le dio las Tablas de la Ley. Algunos llegan incluso a identificar a Miguel con quien en el Antiguo Testamento es nombrado tantas veces como el *Ángel del Señor*.

La tradición también atribuye a Miguel el papel de ser el registrador de los nombres de las personas que merecen la vida eterna y el guardián del Paraíso.

La religión cristiana lo considera el protector de la Iglesia Universal y ven-

El Arcángel San Miguel. Gerard David.

cedor de las fuerzas del mal. En el arte se le representa venciendo a Lucifer, el jefe de los ángeles caídos, en actitud guerrera, con la espada en su mano derecha y el escudo en su mano izquierda. Los cristianos creen que es también Miguel quien descenderá del Cielo y atará al dragón (Satanás) durante mil años:

> *Y vi un ángel descender del Cielo, que tenía la llave del abismo, y una gran cadena en su mano. Y prendió al dragón, aquella serpiente antigua, que es el Diablo y Satanás, y lo ató por mil años* (Apocalipsis 20: 1, 2.).

Una de sus tareas más importantes es la de psicopompo guiando a las almas en su tránsito hacia el más allá.

En el *Testamento de Abraham,* obra judía que tiene probablemente un origen egipcio y data aproximadamente del siglo II de nuestra Era, el Arcángel Miguel es enviado a Abraham para requerirle su alma, lo cual él rechaza, a menos que antes se le permita recorrer todo el Universo. Dios entonces encomienda a Miguel la tarea de llevarle a dar un paseo por el Cielo en un carro conducido por un Querubín. De esta forma, se cumple su deseo. Pero Abraham sigue empecinado en negarse a dejar este mundo. Es entonces cuando Dios envía al Ángel de la Muerte disfrazado de un joven, quien le extrae el alma mediante un ardid y es llevada al Cielo en medio de un cortejo de ángeles.

• **Arcángel Rafael**

El nombre de Rafael significa «Dios sana», y, debido a esto, su principal función es la de ser médico del Cielo, sanador. Rafael, por tanto, estaría al mando de todas las organizaciones, ONGs, etc. que se dedican al cuidado y la sanación de los enfermos.

El libro de Enoch dice que Rafael es el santo ángel de los espíritus de los hombres, que se encarga principalmente de las enfermedades de la Humanidad.

En el Zohar es el encargado de curar la Tierra.

Rafael aparece en la Biblia como enviado por Dios para acompañar a Tobías en un largo viaje para conseguirle una esposa. Durante este viaje le enseña el arte curar y de exorcizar a los demonios. En principio, se presenta a él con el nombre de Azarías, hijo de Ananías, pero cuando termina el viaje, se descubre y, tras curar la ceguera de Tobías, le dice que es Rafael, uno de los siete ángeles que están ante la presencia del Señor (para ampliar información ver cap.

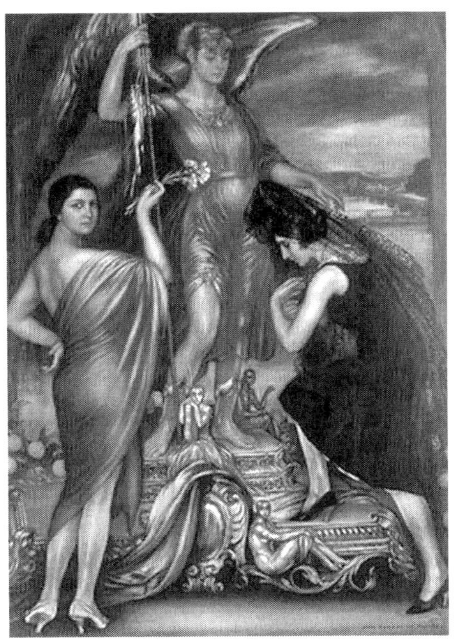

Arcángel San Rafael,
Julio Romero de Torres.

Tobías y el Arcángel Rafael en el libro *Apariciones y encuentros con ángeles,* publicado en esta misma editorial).

La tradición judía también cree que fue uno de los tres ángeles enviados por Dios a Abraham, aunque no se menciona su nombre.

• **Arcángel Gabriel**

Su nombre significa «gobernador» o «fuerza de Dios». Gabriel es considerado uno de los tres arcángeles principales de las tres religiones mundiales más importantes: judía, cristiana e islámica.

En el Antiguo Testamento, Gabriel se aparece a Daniel mientras éste meditaba sobre las visiones que acababa de tener y le revela su contenido:

Y acaeció que estando yo Daniel considerando la visión, y buscando su entendimiento, he aquí, como una semejanza de hombre se puso delante de mí.

Y oí una voz de hombre entre las riberas del Ulai, que gritó y dijo: Gabriel, enseña la visión a éste.

Vino luego cerca de donde yo estaba; y con su venida me asombré, y caí sobre mi rostro; y él me dijo: Entiende, hijo de hombre, porque al tiempo se cumplirá la visión.

Y estando él hablando conmigo, caí dormido en tierra sobre mi rostro; y él me tocó, y me tornó en mi estado.

Y dijo: He aquí yo te enseñaré lo que ha de venir en el fin de la ira, porque al tiempo se cumplirá (Daniel 8:15-19).

Ángel de la Anunciación (Arcángel Gabriel).
Guido di Pietro da Mugello.

A veces se le considera como el ángel de la muerte, pero su función más importante es la de ser el ángel de la concepción y la fecundación. En este sentido, está relacionado con diversos acontecimientos donde debe anunciar el nacimiento de un niño. Los dos más importantes son la aparición a Zacarías, cuando le anuncia el nacimiento de Juan el Bautista:

Y aconteció que ejerciendo Zacarías el sacerdocio delante de Dios por el orden de su vez, conforme a la costumbre del sacerdocio, salió en suerte a poner el incienso, entrando en el Templo del Señor.

Y toda la multitud del pueblo estaba fuera orando a la hora del incienso. Y se le apareció el ángel del Señor puesto en pie a la derecha del altar del incienso. Y se turbó Zacarías viéndolo, y cayó temor sobre él. Mas el ángel le dijo: Zacarías, no temas; porque tu oración ha sido oída, y tu mujer Elisabet te engendrará un hijo, y llamarás su nombre Juan.

Y tendrás gozo y alegría, y muchos se gozarán de su nacimiento.

Porque será grande delante de Dios, y no beberá vino ni sidra; y será lleno del Espíritu Santo, aun desde el vientre de su madre.

Y a muchos de los hijos de Israel convertirá al Señor Dios de ellos.

Porque él irá delante de él con el Espíritu y virtud de Elías, para convertir los corazones de los padres a los hijos, y los rebeldes a la prudencia de los justos, para aparejar al Señor un pueblo perfecto.

Y dijo Zacarías al ángel: ¿En qué conoceré esto? Porque yo soy viejo, y mi mujer avanzada en días.

Y respondiendo el ángel le dijo: Yo soy Gabriel, que estoy delante de Dios; y soy enviado a hablarte, y a darte estas buenas nuevas (Lucas 1: 8-19).

y la anunciación a María del nacimiento de Jesús:

Y al sexto mes, el ángel Gabriel fue enviado de Dios a una ciudad de Galilea, llamada Nazaret, a una virgen desposada con un varón que se llamaba José, de la Casa de David; y el nombre de la virgen era María. Y entrando el ángel en donde ella estaba, dijo: ¡Gozo hallas, amada! El Señor es contigo; bendita tú entre las mujeres.

Los cuatro Arcangeles: Uriel, Miguel, Gabriel, Rafael.
Retablo de san Marcos (Roma)

Mas ella, cuando le vio, se turbó de sus palabras, y pensaba qué salutación fuese ésta.

Entonces el ángel le dice: María, no temas, porque has hallado gracia cerca de Dios. Y he aquí, concebirás en tu vientre, y darás a luz un hijo, y llamarás su nombre JESUS (Lucas 1: 26-39).

En el Islam, se le considera uno de los arcángeles más importantes, ya que fue quien reveló el Corán al Mahoma. Los musulmanes creen que Gabriel acompañó a Mahoma en su ascensión al Cielo y que todos los años desciende a la Tierra en la noche de Laylat al-Qadr («La Noche del Destino»), noche que, en el calendario islámico, se corresponde con una de los últimos diez días del mes de Ramadán.

Aunque los ángeles, según la tradición, son hermafroditas o carecen de sexo, sin embargo, algunas ramas religiosas lo representan como un ser femenino. Quizá este hecho se deba a su función de ángel de la concepción, pues la concepción se relaciona principalmente con el género femenino.

• **Arcángel Uriel**

Uriel significa «llama de Dios», y en otros escritos se le identifica también con el nombre de Fanuel, «rostro de Dios». Se habla de él en varios libros apócrifos.

En el *libro de Enoch* (cap. XX) se dice que es el ángel del Tártaro o Infierno. En el *Apocalipsis de Esdras,* éste pregunta a Dios sobre el juicio de los humanos y Uriel es enviado para responderle e instruirle sobre la verdad. En el *libro de Adán y Eva,* a Uriel se le identifica con el Querubín que, con una espada ardiente, guarda el camino del Árbol de la Vida para evitar que entren los seres humanos. En el Apocalipsis de San Pedro, Uriel aparece como el Ángel del Arrepentimiento. En el *Fragmento del Evangelio de San Bernabé* [8] se dice que el último Día, Uriel llamará a juicio a todos los hombres

Arcángel Uriel. Fresco de Dyonisius en la Iglesia de la Natividad de la Virgen María, Rusia.

Sus funciones, entre otras, son las de proteger del trueno y del terror y la de transformar nuestros defectos en virtudes. Rige los temblores de tierra, los cataclismos y las explosiones volcánicas.

Se dice que fue enviado por Dios a Noé para avisarle del Diluvio Universal. Fue también Uriel, junto con Metatrón, quien se encargó de entregar la Cábala a la Humanidad.

En su obra, *El Paraíso Perdido,* Milton lo presenta como el ángel que tiene la visión más aguda, de quien nada se esconde, y el Serafín más lúcido.

---

[8] González Blanco, Edmundo: *Evangelios Apócrifos*, pág. 349, Ed. Creación.

• **Arcángel Jofiel**

Su significado es «belleza de Dios» y es compañero de Metatrón, el más grande de todos los ángeles, según aseguran muchos rabinos.

Su función es la de aportar claridad mental para encontrar la sabiduría, iluminación y estabilidad.

Junto a Zadquiel, ayuda a Miguel en la batalla. También se le considera el príncipe de la Torá, y se cree que enseñó a Moisés el misterio de la Cábala. El Zohar dice que es un gran jefe que tiene a su cargo 53 legiones de menor rango para servirle.

En la tradición cristiana no se le nombra, pero algunas fuentes aseguran que fue él quien sacó a Adán y Eva del Jardín del Edén. De ser así, sería el primer ángel que aparece en la Biblia y uno de los guardianes del Árbol de la Vida para impedir el retorno de la primitiva humanidad.

Otro posible nombre para Jofiel es Dina del séptimo cielo, que era una guardiana cabalística de la Torá (y la sabiduría en sí misma). Enseño 71 idiomas a las almas en los albores de la Creación, una guía, enseñanza, inspiradora de la búsqueda de la sabiduría.

• **Arcángel Chamuel**

Chamuel significa «el que busca a Dios».

Se dice de él que es el líder de las fuerzas que expulsaron a Adán del Jardín del Edén. También se le identifica con el ángel que se encontró con Jesús y le confortó en el huerto de Getsemaní.

Tiene las funciones, entre otras, de proteger contra la envidia y contra la amargura. Propicia el amor. Tiene la misión de ahuyentar los miedos del ser humano.

- ## **Arcángel Zadquiel**

Significa «rectitud de Dios».

Según las escrituras rabínicas es el ángel de la benevolencia, la misericordia y la memoria.

El Zohar muestra a Zadquiel, junto a Zofiel, como uno de los capitanes que ayudaron a Miguel en la gran guerra en el cielo.

Ángeles o Coro Noveno

A este Coro pertenecen los ángeles propiamente dicho, aunque el término, como hemos podido comprobar, se utiliza igualmente para referirse a cualquier ser perteneciente a la Jerarquía Celeste. Su significado viene del griego *angelos,* «mensajero». En hebreo, el término actual es *malakh,* «un mensajero». En sánscrito es *angeres,* «un espíritu divino o celeste».

La Jerarquía Angélica es la que más cerca se halla de los seres humanos, ya que, según los cabalistas, se sitúan en la esfera de *Yesod* en el

Árbol de la Vida, justo una esfera por encima de nosotros, que estaríamos en *Malkut*.

Su función principal consiste en hacer de mensajeros entre Dios y los hombres, aunque en esta categoría hay muchísimas funciones. Tantas, que sería casi imposible enumerarlas todas.

Como el término ángel se utiliza de forma genérica para designar a cualquier ser de la Jerarquía Angélica, resulta, a veces, difícil delimitar las funciones de esta Jerarquía, ya que muchas veces se confunden con las de los seres de las Jerarquías superiores.

Más adelante, volveremos sobre ellos. Por el momento, baste saber que la Jerarquía Angélica denominada *Ángeles* se sitúa un escalón por encima de nosotros, los seres humanos, en la evolución.

Cabezas de ángeles (1787). Joshua Reynolds.

Creación del mundo (Detalle), 1511. Miguel Ángel.

V. LOS ÁNGELES Y LA CREACIÓN

El autor del Génesis bíblico narra la Creación como si Dios no estuviera solo. De hecho, habla de Elohim, que significa algo así como *El los Dioses,* palabra que conlleva tanto el singular como el plural. Algunos eruditos y judíos indican que se trata del plural mayestático de Dios, pero otros afirman que Dios se acompañaba de otros seres. Fabre d'Olivet traduce así el primer versículo de la Creación:

En principio Elohim, El los Dioses, el Ser de seres, creó en principio lo constituye la existencia de los Cielos y la Tierra [9].

---

[9] d'Olivet, Fabre: *El Génesis Descifrado,* pág. 11. Ed. Creación.

Y, cuando Dios crea al hombre, habla en plural, como si se acompañara de otros seres o fueran varios los que participaban de esta Creación:

Hagamos al hombre a nuestra imagen, conforme a nuestra semejanza (Génesis 1: 26).

Según coinciden los grandes maestros espirituales y muchos estudiosos bíblicos, Dios se acompañaba de varios seres de las Jerarquías Celestes. Pero, ¿quiénes eran estos seres? Algunos dicen que eran los siete arcángeles que están ante el trono de Dios. Pero, según veremos, parece que había muchos más. Y lo que sí está más claro es que el Cristo también estaba allí, pues San Juan así lo cuenta en su Evangelio, cuando dice: «En el principio era el Verbo, y el Verbo estaba con Dios, y el Verbo era Dios...» (Juan 1: 1). Si comparamos esto con las primeras palabras del Génesis: «En el principio creó Dios los Cielos y la Tierra», podemos percibir la relación entre el Verbo (Cristo) y la Creación. Parece obvio que Cristo no sólo era uno de los Creadores, sino el más importante, pues San Juan, a continuación, en el siguiente versículo, dice: «Todas las cosas por Él fueron hechas, y sin Él nada de lo que ha sido hecho fue hecho».

Ya tenemos a alguien más que estaba con Dios (o en Dios) en el principio: Cristo. Y, según podemos ver, constituyó la parte más importante en aquel acontecimiento, pues «por Él fueron hechas todas las cosas». Veamos quién más estaba allí.

Según las enseñanzas rosacruces transmitidas por Max Heindel y otros ocultistas de renombre, allí se encontraban también las grandes Jerarquías Celestes del capítulo precedente. Es decir, estaban los Serafines, Querubines, Tronos, Dominaciones, Virtudes, Potestades, Principados, Arcángeles y Ángeles. Los Tronos, Dominaciones, Virtudes, Potestades y Principados son conocidos también respectivamente por los siguientes nombres: Señores de la Llama, Señores de la Sabiduría, Señores de la Individualidad, Señores de la Forma y Señores de la

Mente, ya que estos términos definen mejor la función que desarrollan en la Creación.

Pero la narración del Génesis de la Creación no se puede entender en sentido literal, sino más bien simbólico. De esta forma, cada día de los siete que Dios empleó en realizarla corresponderían a siete periodos de tiempo indefinido, a siete estados de conciencia en la escala

evolutiva de todos los seres vivos. Así, Dios (Elohim-El los Dioses) creó el mundo en siete grandes Periodos Cósmicos. O mejor dicho: Dios crea el mundo, porque la Creación aún no se ha terminado.

De hecho, Rudolf Steiner equipara día, no a los días de 24 horas que ahora conocemos (un espacio de tiempo limitado), sino a una entidad jerárquica o eón que obraba durante ese periodo de tiempo[10]. En este sentido, los días de la Creación se convierten en siete grandes Días Cósmicos, bajo cada uno de los cuales rige un ser (o seres) espiritual. Estas entidades serían las Jerarquías Celestiales que cada una de ellas tiene su regencia, hace su trabajo creativo y supervisa el trabajo de las demás en cada uno de los periodos. Los grandes Periodos han sido denominados como:

---

[10] Steiner, Rudolf: *Génesis, los secretos del relato bíblico de la Creación*, págs. 48-51. Ed. Kier.

- Periodo de Saturno

- Periodo Solar

- Periodo Lunar

- Periodo Terrestre

- Periodo Júpiter

- Periodo de Venus

- Periodo de Vulcano

La Creación, como hemos dicho anteriormente, aún no se ha completado, sino que actualmente nos encontraríamos en el Periodo Terrestre, y nos quedarían aún tres Periodos y medio más para completar el ciclo. Nos hallaríamos, por lo tanto, hacia la mitad del Periodo Terrestre.

Pero la Creación, desde este punto de vista, difiere de la simplista creencia en ella de forma literal tal como se narra en el Génesis. Así, la obra maravillosa que ven nuestros ojos, según nos cuentan los grandes maestros espirituales, no pudo ser realizada en tan corto espacio de tiempo, sino que necesitó millones de años para llegar a ser lo que hoy es, y necesitará otros tantos millones para completarse. Los Ángeles (entendiendo por este nombre a toda la Jerarquía) participaron, y siguen haciéndolo, en ella, y cada Jerarquía hizo, y sigue haciendo, su trabajo en una sincronía perfecta dentro del engranaje cósmico.

Dios (Elohim-El-los Dioses), desde el punto de vista oculto, inició la Creación del ser humano en el Periodo de Saturno, pero no fue de la nada, sino de una esencia ya existente: la esencia de las Jerarquías Angélicas. Por tanto, el Plan de Dios se desarrolla en distintos Periodos o eones, y dentro de unos límites o planos de existencia. O sea, el esquema de la Creación sería el siguiente:

Esquema de la Creación

- Ser Supremo
- Los Siete Grandes Logos
- Los Siete Planos Cósmicos
- Los Dioses de los distintos Planos Cósmicos

El Ser Supremo organiza y crea, mediante los Siete Grandes Logos, todos los Sistemas Solares existentes en el cosmos. No ha tenido principio ni tendrá fin. Existe eternamente. Ha creado, por tanto, o de Él emanan, todos los Sistemas Solares conocidos en los distintos Planos Cósmicos. Cada Sistema Solar es regentado por un Dios semejante al Dios de nuestro Sistema Solar (ver Figura 2). La vida en estos Planos es, por el momento, inconcebible para nosotros. Por lo que nos centraremos en nuestro Plano, que es el Séptimo Plano Cósmico.

En el Séptimo Plano Cósmico se encuentra el Dios de nuestro Sistema Planetario. Este es nuestro Dios Creador, el Dios al que la Biblia llama Elohim y el que inició la Creación en el Periodo de Saturno ayudado por las energías de las Jerarquías Angélicas. Estas Jerarquías, según Kabaleb, no fueron creadas por Él, sino que proceden de un Plano distinto del nuestro [11]. La Creación por excelencia de nuestro Dios somos nosotros, los seres humanos. Pero esta creación es un proyecto que va desde la inconsciencia a la omnisciencia. O dicho de otro modo: estamos destinados a ser a *Su imagen y semejanza,* pero esto se cumplirá cuando hayamos evolucionado a través de los distintos Periodos Cósmicos y hayamos perfeccionado nuestros vehículos (o cuerpos), que, como ya hemos mencionado, son siete: Espíritu Divino, Espíritu de Vida, Espíritu Humano, Cuerpo Mental, Cuerpo de Deseos, Cuerpo Etérico y Cuerpo Físico.

Estos cuerpos nos han sido y nos están siendo implantados y perfeccionados por las Jerarquías Angélicas en el siguiente orden: 1º el

---

[11] Esta afirmación no contradice algunas creencias que dicen que los ángeles fueron creados por Dios, ya que, por medio del Ser Supremo, todas las cosas han venido a la existencia, y la mayoría de las personas no hacen distinción entre Ser Supremo y el Dios de nuestro Sistema Solar.

Cuerpo físico; 2º el Cuerpo Etérico; 3º el Cuerpo de Deseos; 4º el Cuerpo Mental; 5º el Espíritu Humano; 6º el Espíritu de Vida; 7º el Espíritu Divino.

Veamos el proceso seguido por las Jerarquías a lo largo de la evolución para crear el mundo (o los distintos Mundos o Planos) y perfeccionar nuestros cuerpos:

Como podemos comprobar (ver Figura nº 2), el Creador de nuestro Sistema Planetario habita en el Séptimo Plano Cósmico. Más allá están los demás Planos, hasta llegar al Primero, que es donde habita el Ser Supremo. Entre uno y otro Plano hay diferencia en estado de conciencia. El conocimiento es mayor a medida que el Plano es superior.

Desde el Plano Séptimo se inicia la creación de nuestro Universo y se idea un Plan para llevarla a cabo. En este Plan se incluye el trabajo de cada Jerarquía en el momento adecuado. El esquema de este Plan es el siguiente:

A. Se elige un espacio, en el cual se crean los planos de los diferentes mundos, que son los siguientes:

   1. Mundo de Dios
   2. Mundo de los Espíritus Virginales
   3. Mundo del Espíritu Divino
   4. Mundo del Espíritu de Vida
   5. Mundo del Pensamiento
   6. Mundo del Deseo
   7. Mundo Físico

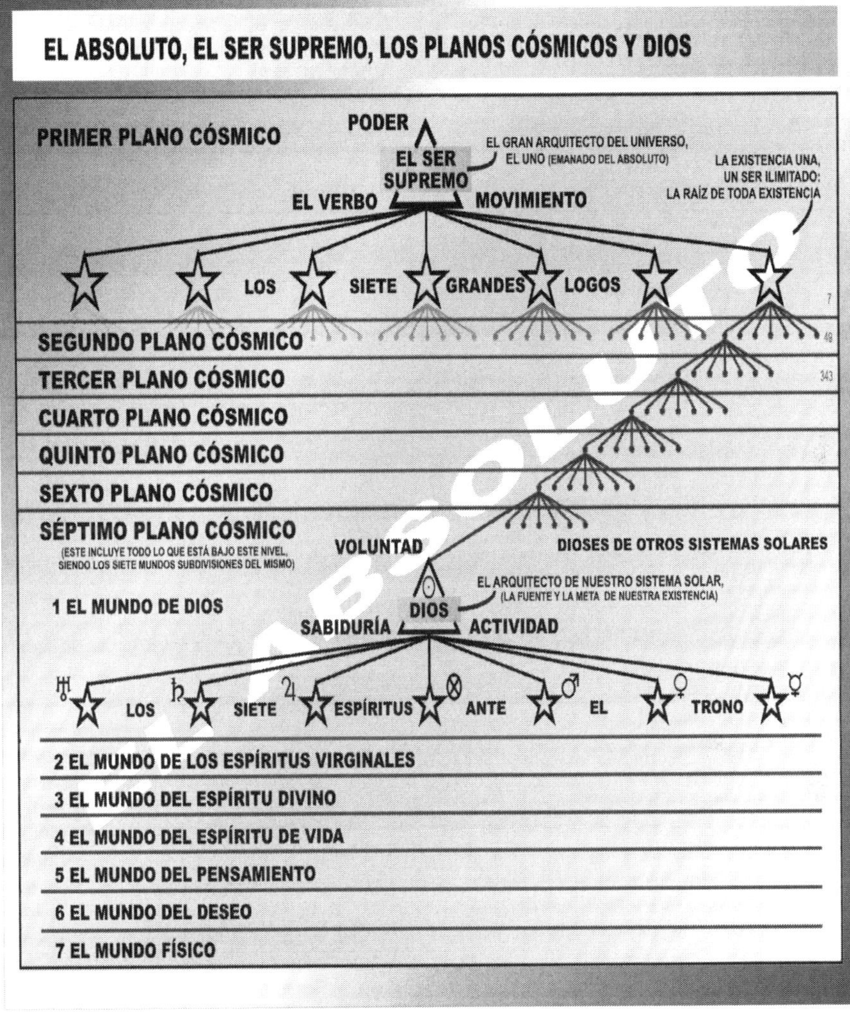

Figura nº 2. El Absoluto, el Ser Supremo, Los Planos Cósmicos y Dios.

B. Se piensa en el «tiempo» [12] en el cual se desarrollará todo el proyecto y se divide en los Periodos que mencionamos anteriormente, que son:

1. Saturno
2. Solar
3. Lunar
4. Terrestre
5. Júpiter
6. Venus
7. Vulcano [13]

C. Se crea el primer Periodo, el de Saturno y se inicia la Creación.

Cada Periodo podemos imaginarlo como una especie de círculo que, a su vez, se divide en 7 Globos de perfeccionamiento y éstos, en siete revoluciones (ver Figura nº 3). Cuando la vida alcanza en último Globo en la última de las revoluciones (la séptima) quiere decir que está preparada para pasar al siguiente Periodo.

En el Globo del Periodo de Saturno fueron puestos los Espíritus Virginales (o sea nosotros) para adquirir conciencia. O dicho de otro modo: todo el globo estaba lleno de Espíritus Virginales. Las Jerarquía Angélicas se encontraban fuera del globo, se podría decir que en una especie de atmósfera.

En primer lugar, le tocó el turno a los Señores de la Llama o Señores de la Voluntad (Tronos en la tradición), que fueron los grandes pro-

---

[12] Téngase en cuenta que estamos hablando de espacios de tiempo cósmicos, y que los Periodos se refieren a un tiempo ilimitado; es decir, el tiempo que se emplee en adquirir los conocimientos y perfeccionar los cuerpos en cada uno de ellos.

[13] Hay que dejar claro que estos nombres no tienen nada que ver con los planetas de nuestro Sistema Solar que llevan el mismo nombre, sino que se refieren a estados o encarnaciones por las cuales ha pasado o pasará nuestra evolución como seres espirituales.

tagonistas de este Periodo. Implantaron el germen del cuerpo físico en el ser humano evolucionante, el cual, como veremos, alcanzó su pleno desarrollo en el Periodo Terrestre. Nuestro estado de conciencia era semejante al del mineral actual (trance profundo).

La materia más densa de este Globo estaba formada por materia del Mundo del Pensamiento.

Nosotros, en nuestra actual condición, no podríamos introducirnos en aquel Globo y ver lo que allí sucedía; pero supongamos que lo hacemos, imaginemos que lo conseguimos. Nuestra sensación sería de oscuridad y calor. La sensación sería parecida a cuando nos aproximamos a algún fuego o a algo que desprende calor.

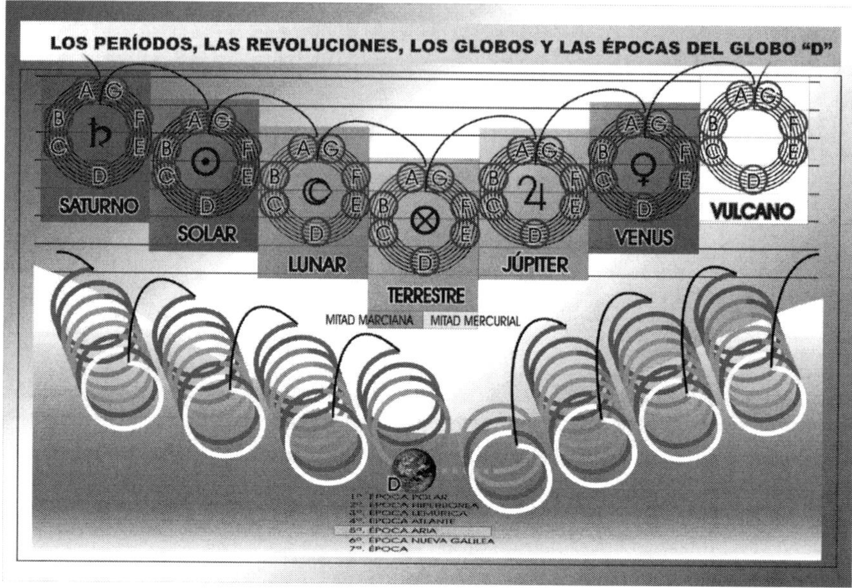

Figura nº 3. Las Revoluciones, Los Globos y las Épocas del Globo "B"

Cuando un Globo llega a la 7ª Revolución del 7º Globo se inicia un tiempo de reposo. Después, toda la vida evolucionante aparece en el primer Globo y primera Revolución del siguiente Periodo Cósmico

Una vez terminado el Periodo de Saturno, el Globo se desintegró, y toda la vida evolucionante, después de un tiempo de reposo semejante al que va de la noche a la mañana en nuestro actual estado de conciencia, o también al que va de la muerte hasta el nuevo nacimiento, apareció en la Primera Revolución de un Nuevo Globo: el Periodo Solar. Aquí los más importantes fueron los Señores de la Sabiduría (Dominaciones en la terminología tradicional), que implantaron, al cuerpo físico, el cuerpo vital; y así el cuerpo físico llegó a un estado de perfección más elevado.

Los 7 Globos del Periodo Solar eran como «Esferas Luminosas», de gran brillo y de consistencia análoga a la de los gases. Las Jerarquías Creadoras también actuaban desde su atmósfera. El estado de conciencia que se alcanzó fue semejante a la de «sueño sin ensueños», conciencia parecida a la de los vegetales actuales.

Cuando acabó este Periodo, después del correspondiente estado de reposo, apareció el Periodo Lunar. El hombre era entonces un ser constituido por un cuerpo físico y un cuerpo etérico. El cuerpo físico le había sido implantado en el Periodo de Saturno y había recibido un perfeccionamiento en el Periodo Solar. El cuerpo etérico lo fue en el Periodo Solar y recibiría su primer toque de perfección en el Periodo Lunar (el físico recibiría el segundo). Pero lo importante de este Periodo es que los Señores de la Individualidad (Virtudes en la tradición) ayudaron al antepasado del hombre actual a construir su cuerpo de deseos y a incorporarlo en sus vehículos físico y etérico que ya poseía.

Durante el Periodo lunar, el estado de conciencia del ser humano llegó a ser semejante al de «sueño con ensueños». La característica principal de esta época era la «humedad».

Si la conciencia de los anteriores Periodos eran de *inconsciencia*, la conciencia de «sueño con ensueños» era un estado de *conciencia pictórica*, semejante a la que tienen los animales superiores de hoy.

> *Esta conciencia es similar a la del hombre cuando sueña, salvo en que ésta es perfectamente racional y aquélla estaba dirigida por el espíritu-grupo de los animales...*

> *Estos seres lunares ya no estaban en germen como en Períodos anteriores. Para el clarividente experimentado aparecen como suspendidos de cordones en la atmósfera de niebla ígnea, lo mismo que el embrión cuelga de la placenta mediante el cordón umbilical. Corrientes (comunes a todos ellos) que proporcionaban cierta especie de nutrición, fluían hacia y desde la atmósfera a través de*

esos cordones. Esas corrientes eran, pues, en cierto sentido, similares, en su función, a la sangre de nuestros días. Si bien aplicamos el nombre de «sangre» a esas corrientes, es sólo a efectos de sugerir cierta analogía, porque los seres del Período Lunar no poseían nada parecido a nuestra sangre roja, que es una de las más recientes adquisiciones del hombre [14].

El cuerpo astral (o de deseos) es la parte de nosotros que abandona el cuerpo físico y etérico durante el sueño y tiene experiencias extracorporales. También este cuerpo nos dota de deseos y sentimientos que no serían posibles si solamente tuviésemos un cuerpo físico y un cuerpo etérico.

Cuando finalizó este Periodo, hubo un nuevo estado de reposo en el que la vida evolucionante pasó a una especie de noche y, después, se inició nuestro actual Periodo Terrestre.

En el inicio de la nueva fase evolutiva, el ser humano estaba dotado de un cuerpo físico, un cuerpo etérico y un cuerpo astral; pero la forma en la que se mostraba era semejante a una nube de vapor.

Este antepasado del hombre actual inicia su andadura en el Periodo Terrestre a través de diversas recapitulaciones de los Periodos anteriores hasta la Cuarta Revolución, donde comienzan los trabajos propios de este Periodo y que se divide en 7 Épocas. Los nombres por los que son conocidas estos Épocas son: Época Polar, Época Hiperbórea, Época Lemúrica, Época Atlante y Época Aria, en la cual aún nos encontramos. Por delante de nosotros todavía hay que contar con otros dos más.

En la Época Polar el hombre recapituló los trabajos o estado de conciencia alcanzado en el Periodo de Saturno. El cuerpo físico llegó a su cuarto grado de perfección.

---

[14] Heindel, Max: *Sabiduría Occidental o Ciencia Oculta Cristiana vol. II*, págs. 48-49. Ed. Creación, ISBN: 978-84-95919-19-9, Madrid.

En la Época Hiperbórea le tocó recapitular lo alcanzado en el Periodo Solar, y se agregó el cuerpo vital o etérico, el cual alcanzó su tercer grado de perfección.

En la Época Lemúrica recapituló el Periodo Lunar, y se agregó el cuerpo de deseos, cuya perfección alcanzó el tercer grado. Aquí fue donde ocurrió lo que el Génesis denomina «la Caída Terrenal», de la cual hablaremos más adelante.

En la Época Atlante, al hombre le fue implantado un nuevo cuerpo, denominado Cuerpo Mental. La función de este cuerpo era la de hacerse poco a poco con el control de sus vehículos inferiores. Actualmente, es el vehículo menos evolucionado de todos, al ser el último que ha recibido. Por eso, en nuestra actual etapa evolutiva, el cuerpo de deseos gana casi siempre la batalla al cuerpo mental. Y es fácil comprobar que cuando nos debatimos entre hacer caso a nuestros deseos o a lo que es razonable, nos dejamos llevar por los deseos. Pero con el tiempo será a través del Cuerpo Mental que el Espíritu o Yo Superior se hará oír y dominará sobre todos los demás.

El estado de conciencia de esta fase es la de «vigilia objetiva», un estado en el que ha despertado por completo al mundo físico y solo contempla el mundo astral como en un sueño. Anteriormente, el mundo astral era para él más real que el físico. Ahora sucede exactamente lo contrario.

Nuestra evolución seguirá su curso y, cuando terminemos el Periodo Terrestre, comenzará el Periodo de Júpiter. Allí alcanzaremos la conciencia que tienen los actuales ángeles de la Jerarquía (los correspondientes al noveno Coro). Después apareceremos en el Periodo de Venus, donde supuestamente alcanzaremos la conciencia semejante a la de los arcángeles, y, por último, llegaremos al Periodo de Vulcano, donde la conciencia alcanzada será la de los Señores de la Mente. Pero evidentemente para llegar hasta aquí todavía queda un larguísimo recorrido y los distintos estados de conciencia a partir del Periodo Terrestre son, por el momento, inconcebibles para nosotros.

También las distintas oleadas de vida angélicas adquieren diferentes estados de conciencia a medida que la evolución sigue su curso. Así, los ángeles adquirirán la conciencia que actualmente tienen los arcángeles, etc. [15]

Como hemos podido apreciar, desde perspectiva, los ángeles no solo estuvieron en la Creación, sino que participaron en ella y siguen participando. El ser humano es en esencia espiritual y está en constante evolución que va desde la inconsciencia hasta la omnisciencia. En esta evolución es ayudado por las Jerarquías Celestes, que, a su vez, también están evolucionando. Actualmente, nos encontramos en mitad del recorrido que el Creador (Elohim-El-los Dioses) ha concebido en el Plan Divino, que se basa principalmente en siete Periodos Cósmicos y siete Mundos o Planos Celestes.

Satán es lanzado al abismo. Imagen de Gustavo Doré para el libro *El Paraiso perdido* de John MIlton

---

[15] Para ampliar información sobre la evolución humana y angélica se puede consultar el libro *Sabidurla Occidental o Ciencia Oculta Cristiana* (tres volúmenes), Ed. Creación. (ver bibliografía completa al final del libro).

VI. LA CAÍDA Y SUS CONSECUENCIAS

¿Qué significa *la Caída*? ¿De dónde se cae? ¿Por qué Dios permite que ocurra a lo largo de Su Creación…? Son tantas las preguntas que ha suscitado este hecho tan controvertido en el Plan Divino, que nos sería imposible contestar a todas con el suficiente rigor sin perdernos en conjeturas inverosímiles. Si Dios es infinitamente bueno, ¿por qué permite el mal? La primera respuesta que nos viene a la mente es la siguiente: porque el mal debe perseguir *un bien mayor*, si no, no podríamos decir de Dios que es *bueno*. De hecho, nuestro dicho: «No hay *mal* que por *bien* no venga» se basa en esta premisa.

Cuando uno piensa en la Caída, inmediatamente le viene a la mente la imagen de Adán y Eva desobedeciendo la palabra de Dios y, como consecuencia, siendo expulsados del Paraíso Terrenal. Pero esta caída del hombre se produce por el efecto de otra caída anterior mucho más importante: la caída angélica, que se produjo por la rebelión de una parte de la Jerarquía contra el Plan de Dios. Esto, evidentemente, produjo un desequilibrio en la evolución del hombre y de toda la Creación e introdujo una influencia negativa que se dejaría sentir posteriormente. Esta anomalía, no obstante, permitiría al ser humano conquistar la libertad conociendo el bien y el mal para después, sabiendo en propia experiencia las consecuencias del mal, inclinarse a favor del bien.

La Caída Angélica

Una de las cuestiones que se ha planteado a lo largo de la historia es si la rebelión de algunos ángeles liderados por Lucifer estaba prevista en el Plan Divino o fue una anomalía que se produjo y con la cual no se contaba.

El libro bíblico de Job parece inclinarse a favor de la primera tesis, ya que Satán aparece ante Dios pidiéndole permiso para hacerle daño con el único fin aparente de probarle:

> *Y un día vinieron los hijos de Dios a presentarse delante del Jehová, entre los cuales vino también Satanás. Y dijo Jehová a Satanás: ¿De dónde vienes? Y respondiendo Satanás a Jehová, dijo: De rodear la tierra, y de andar por ella.*
>
> *Y Jehová dijo a Satanás: ¿No has considerado a mi siervo Job, que no hay otro como él en la tierra, varón perfecto y recto, temeroso de Dios, y apartado de mal? Y respondiendo Satanás a Jehová, dijo: ¿Teme Job a Dios de balde?*
>
> *¿No le has tú cercado a él, y a su casa, y a todo lo que tiene en derredor? Al trabajo de sus manos has dado bendición; por tanto, su hacienda ha crecido sobre la tierra.*
>
> *Mas extiende ahora tu mano, y toca todo lo que tiene, y verás si no te blasfema en tu rostro.*
>
> *Y dijo Jehová a Satanás: He aquí, todo lo que tiene está en tu mano; solamente no pongas tu mano sobre él. Y salió Satanás de delante de Jehová (Job 1: 6-12).*

El apócrifo *libro de Enoch* plantea una caída angélica que ocurre con motivo de la lujuria de los hijos de Dios al contemplar la hermosura de las hijas de los hombres:

> *… Así pues, cuando los hijos de los hombres se hubieron multiplicado, y les nacieron en esos días hijas hermosas y bonitas, y los ángeles, hijos de los cielos, las vieron, las desearon, y se dijeron en-*

tre ellos: «*Vamos, escojamos mujeres entre los hijos de los hombres y engendremos hijos*» (Libro de Enoch cap. VI).

Instante en que el santo Job es privado de sus bienes. Ilustración de Gustavo Dore para una edición de la Biblia.

Pero la rebelión de Lucifer se produce mucho antes de la Caída de Adán y Eva, siendo ésta una consecuencia de aquélla, pues, a partir de la rebelión de Lucifer, se produce una anomalía que tendría influencia en todo lo que vino después, incluyendo la tentación en el Edén.

Un auto sacramental del siglo XIII describe que Dios creó a Lucifer y le hizo superior a todos los ángeles, estando solamente el mismo Dios por encima de él. Pero, al verse tan hermoso y poderoso, no resistió la tentación de arrebatarle el trono:

> *Te hago muy igual a mí de entre todos los poderes. Dueño y espejo de mi poder.*
> *Te creo en la beatitud y te llamo Lucifer, Portador de Luz.*
> *Lucifer se contempla a sí mismo en el espejo y asiente:*
> *«Ajá, soy maravillosamente luminoso…».*
> *Después vuelve su cabeza beatífica y declara:*
> *«Un poderoso señor en verdad soy Yo, más poderoso que Él.*
> *Para demostrar que soy más poderoso, me sentaré en el trono de Dios».*

Y en el libro de Isaías encontramos lo siguiente:

> *¿Cómo has caído del Cielo, lucero, hijo de la aurora, y has sido arrojado a la tierra, tú, que vencías a las naciones? Tú dijiste en tu corazón: «El Cielo escalaré, por encima de las estrellas de Él elevaré mi trono y me sentaré en el monte del encuentro, en el extremo norte; escalaré las alturas de las nubes, y seré como el Altísimo»* (Is. 14: 12-14).

Obviamente, la Caída angélica es mucho más importante que la Caída del hombre, ya que de no haber ocurrido la primera, nunca se habría producido la segunda, pues ya sabemos que Lucifer, en forma de serpiente, sedujo a Eva incitándola a comer del fruto prohibido.

El Plan de Dios se ordena como hemos visto en Jerarquías, donde las superiores envían consignas a las inferiores que éstas deben llevar a cabo. Podríamos decir que hay un orden jerárquico dentro del Plan Divino, pero ejercido de forma voluntaria con libre albedrío. Pero, dentro de este orden, Dios puso un mecanismo de defensa por si algo fallaba y algunos seres desafiaban a Dios y se negaban a realizar lo que les correspondía. Esto consistía en precipitar al Abismo a los rebeldes. Lo que no está tan claro es si este mecanismo de defensa era conocido por las Jerarquías, pues creo que, de conocerlo, no se habrían rebelado.

La caída de los ángeles rebeldes. Lucas Jordán.

La cáida de Lucifer se produce antes de la caída terrenal, lo que provoca una anomalía en el Universo que se extiende a toda creacíon posterior. La caída del hombre es una consecuencia de aquélla.

Según Kabaleb, en el principio, se repartieron las tareas generales que corresponderían a cada ángel en el Plan Divino. A algunos les tocó trabajar a niveles inferiores al que habían alcanzado en la evolución y debieron realizar, por así decirlo, una especie de *sacrificio.* Pero una serie de ángeles se rebeló y se negó a hacerlo, y siguieron las consignas de Lucifer. Éstos fueron precipitados al Abismo, que consistía en en-

viar a los ángeles que se negaron a realizar las tareas que les había
correspondido a un nivel todavía más inferior. Por poner un ejemplo,
aunque bastante burdo, a nivel humano, podríamos decir que si a
uno, siendo arquitecto, le toca voluntariamente hacer de albañil, y se
niega, por ser ésta una tarea inferior a sus conocimientos alcanzados,
entonces le envían a hacer trabajos de peón.

La caída Angélica se produjo en el Primer Día Cósmico de la Creación, en el Periodo de Saturno, y su influencia, a modo de anomalía
cósmica, se ha extendido a toda la Creación. De esta forma, al llegar
al Periodo Terrestre o Cuarto Día Cósmico de la Creación, Cuarta
Revolución, Tercera Época (Lemúrica) se produce lo que se conoce
como la Caída Terrenal.

La Caída Terrenal

En el Cuarto Día Cósmico de la Creación los luciferes seducen a los
hombres invitándoles a comer del fruto prohibido:

> *«Pero la serpiente, la más astuta de cuantas bestias del campo
> hiciera Jehová Dios, dijo a la mujer: ¿Conque os ha mandado
> Dios que no comáis de los árboles todos del paraíso? Y respondió la
> mujer a la serpiente: Del fruto de los árboles del paraíso comemos,
> pero del fruto del que está en medio del paraíso nos ha dicho Dios:
> No comáis de él, ni lo toquéis siquiera, no vayáis a morir. Y dijo
> la serpiente a la mujer: No, no moriréis; es que sabe Dios que
> el día que de él comáis se os abrirán los ojos y seréis como Dios,
> conocedores del bien y del mal.*
> *Vio, pues, la mujer que el árbol era bueno para comerse, hermoso
> a la vista y deseable para alcanzar por él la sabiduría, y tomó de
> su fruto y comió, y dio también de él a su marido, que también
> con ella comió. Abriéronse los ojos de ambos, y viendo que esta-
> ban desnudos, cosieron unas hojas de higuera y se hicieron unos
> cinturones. Oyeron a Jehová Dios, que se paseaba por el jardín*

al fresco del día, y se escondieron de Jehová Dios el hombre y su mujer, en medio de la arboleda del jardín. Pero llamó Jehová Dios al hombre diciendo: ¿Dónde estás? Y éste contestó: Te he oído en el jardín, y temeroso porque estaba desnudo me escondí. ¿Y quién, le dijo, te ha hecho saber que estabas desnudo? ¿Es que has comido del árbol que te prohibí comer? Y dijo el hombre: La mujer que me diste por compañera me dio de él y comí. Dijo, pues, Jehová Dios a la mujer: ¿Por qué has hecho esto? Y contestó la mujer: La serpiente me engañó y comí. Dijo luego Jehová Dios a la serpiente:

Por haber hecho esto, Maldita serás entre todos los ganados y entre todas las bestias del campo. Te arrastrarás sobre tu pecho y comerás el polvo todo el tiempo de tu vida.

Pongo perpetua enemistad entre ti y la mujer, y entre tu linaje y el suyo; éste te aplastará la cabeza, y tú le acecharás el calcañal.

A la mujer le dijo:

Multiplicaré los trabajos de tus preñeces. Parirás con dolor los hijos y buscarás a tu marido, que te dominará.

Al hombre le dijo: Por haber escuchado a tu mujer, comiendo del árbol que te prohibí comer, diciéndote no comerás de él: Por ti será maldita la tierra; con trabajo comerás de ella todo el tiempo de tu vida; te dará espinas y abrojos y comerás de las hierbas del campo. Con el sudor de tu rostro comerás el pan hasta que vuelvas a la tierra, pues de ella has sido tomado; ya que polvo eres y al polvo volverás.

El hombre llamó Eva a su mujer, por ser la madre de todos los vivientes. Hízoles Jehová Dios al hombre y a su mujer túnicas de pieles, y los vistió.

Díjose Jehová Dios: He ahí al hombre hecho como uno de nosotros, conocedor del bien y del mal; que no vaya ahora a tender su mano al árbol de la vida, y comiendo de él, viva para siempre. Y le arrojó Jehová Dios del jardín del Edén, a labrar la tierra de que había sido tomado. Expulso al hombre y puso delante del jardín del Edén un querubín, que blandía una flameante espada para guardar el camino del «árbol de la vida»(Génesis 3).

Según la tradición cristiana exotérica, fue la desobediencia la que produjo la caída del hombre y abrió las puertas para la entrada, en el mundo, de la enfermedad, el dolor y la muerte. Pero si descartamos la interpretación literal, descubriremos que, tras el primer significado, se encuentra otro más profundo, que arroja bastante luz sobre lo ocurrido.

Para empezar, Adán y Eva no son los nombres de dos personas, sino el nombre genérico dado a la Humanidad en su conjunto. Por ejemplo: Adán, según algunos investigadores, se corresponde con las letras ADN. Y Eva es la parte del ser humano encargada de transmitir la vida. En este sentido, Adán y Eva se corresponde con toda la *humanidad* que habitaba en aquel tiempo y su descendencia; es decir, Adán y Eva seguimos siendo nosotros por el mero hecho de descender del *hombre* primordial. Fabre d'Olivet traduce así la creación de Adán y Eva:

> *Y ÉL, el Ser de seres creó la existencia potencial de Adam, el Hombre universal, en su sombra reflejada; en su sombra divina lo creó, poder colectivo, los identificó conjuntamente macho y hembra*[16]

Es en esta esencia, es decir, en el ADN humano donde se introduce la semilla del mal (o del *pecado*) a través de Lucifer. También, como en el caso de los luciferes, en la caída angélica, los humanos caídos deben trabajar a un nivel inferior al que tenían en el Paraíso: «… con trabajo comerás de ella todo el tiempo de tu vida; te dará espinas y abrojos y comerás de las hierbas del campo. Con el sudor de tu rostro comerás el pan hasta que vuelvas a la tierra, pues de ella has sido tomado; ya que polvo eres y al polvo volverás».

---

[16] ob. cit., Pág. 57.

La historia narrada por el Génesis acerca de la Caída Terrenal se ubica en un momento cósmico determinado: la Tercera Época del Periodo Terrestre o Lemúrica. Recordemos que los distintos Periodos Cósmicos se enmarcan dentro de 7 Periodos y que éstos, a su vez, se dividen en 7 Revoluciones Cósmicas, las cuales, a su vez, se dividen en 7 Épocas (ver capítulo anterior).

Antes de este acontecimiento, la conciencia del hombre no se enfocaba hacia el mundo físico, sino hacia astral. El mundo físico lo percibía como ahora algunos sueños. No era, por decirlo de algún modo, apenas consciente de él. Por lo que la propagación, el nacimiento y la muerte no producían una alteración en sus conciencias. Las cosas eran exactamente al revés que ahora: el mundo espiritual era más real que el mundo físico. En el Paraíso Terrenal (estado anterior a la entrada en escena de los luciferes), el acto generacional se realizaba con la supervisión de las Jerarquías Creadoras en momentos determinados del año, cuando los astros eran propicios y en armonía con las Leyes Cósmicas. De esta manera, haciéndolo en el momento adecuado y con los astros a favor, los hijos venían al mundo sin dolor y el hombre seguía su curso evolutivo normal. Pero en este estado de cosas, entraron en acción los luciferes que, como ya hemos dicho, pertenecían a aquella parte de la Jerarquía Angélica que, junto a su jefe, Lucifer, se rebelaron contra el Plan Divino.

Se cuenta que los luciferes que tentaron al hombre, al haber sido precipitados al Abismo, quedaron rezagados con respecto a la oleada de vida angélica, y se encontraron en una difícil situación. Por un lado, no podían funcionar en un cuerpo vital (recordemos que es el cuerpo inferior de la Jerarquía de los Ángeles) de la forma que lo hacen los ángeles; y por otro lado, tampoco podían obtener ningún conocimiento que les permitiera avanzar en el camino evolutivo, al faltarles el órgano físico que se lo podía proporcionar: el cerebro. De esta forma, se encontraban entre el hombre, que sí tenía este órgano, y los ángeles, que no necesitaban ningún órgano físico para obtener conocimiento. En esta situación tan delicada, optaron por utilizar el cere-

Adán y Eva, Hans Baldung Grien,

Adán y Eva no son los nombres de dos personas, sino el nombre genérico dado a la Humanidad en su conjunto.

Escenas de la Caída, el pecado original. Rafael. Los luciferes *abrieron los ojos* a la humanidad infantil, haciendo que se enfocasen en el mundo físico y alejándole cada vez más de la presencia divina.

bro del hombre para aprovecharse de él y poder seguir su camino evolutivo, beneficiándose de las experiencias humanas a medida que el hombre las fuera obteniendo.

Rudolf Steiner divide a los ángeles caídos o, como él los llama, *fuerzas opositoras,* en dos grupos: las fuerzas luciféricas y las fuerzas arhimánicas.

Las Luciféricas hicieron que el hombre se opusiera a la voluntad divina y le *abrieron los ojos* (o los sentidos físicos) alejándole cada vez más de la presencia divina, de un estado de comunicación con los seres superiores, para enfocar la conciencia cada vez más al mundo físico. Es decir, hicieron que la Humanidad se alejara de su origen, de su estado armónico en el que las fuerzas del bien velaban por su evolución, para precipitarla hacia el mundo físico. El hombre, debido a la influencia luciferiana, adquirió la facultad de actuar en desacuerdo con las leyes divinas, o sea, de *pecar.* En el Paraíso, el hombre era perfecto, aunque sin *autonomía,* era un autómata. Pero ahora, al ser apartado de su origen divino, queda expuesto a todos los defectos y al *pecado.* Pero, en compensación, alcanza la *libertad*. La tentación luciférica abrió el camino para otro tipo de seres negativos: los espíritus arhimánicos.

Las arhimánicas son las fuerzas del mal propiamente dichas, y se encargan de tentar a los hombres para inclinarles hacia el Mal y hacerles creer que son únicamente seres terrenales, para que olviden su origen divino y la misión que les ha sido encargada por los dioses. Son los que provocan la tendencia al materialismo en el ser humano y la huida de toda espiritualidad.

Pero en este descenso del ser humano hacia la conquista de la libertad y la autoconciencia acechaba un peligro: perder de vista y olvidar para siempre su origen espiritual, convirtiéndose en un ser completamente egoísta y maligno. Para contrarrestar esta influencia, apareció Cristo en el momento adecuado, aquel en el que el hombre había descendido al punto más bajo del mundo material para darle el impulso necesario que hiciera posible su ascenso de nuevo al mundo espiritual. Las fuerzas crísticas son, por tanto, las que equilibran al hombre y le impelen a emprender el camino de vuelta. Rudolf Steiner cree que el hom-

Adán y Eva (1623-1625). Domenico Zampieri.

La tentación podría haber sido dirigida hacia Adán (humanidad masculina), pero lo fue hacia Eva (humanidad femenina) porque era la que tenía las facultades imaginativas más desarrolladas y, por tanto, la que mejor podía escuchar sus voces.

Expulsión del Paraíso, detalle (1509-1510). Miguel Ángel.

bre no tuvo ninguna culpa al *comer del árbol prohibido,* ya que era completamente inocente y estaba formándose, y si nosotros, como humanos, no culpamos a nuestro hijo pequeño cuando aún no ha adquirido la madurez necesaria, los dioses tampoco podrían culpar a la humanidad infantil en periodo de formación. Por eso idearon el envío de un rescate, una ayuda no humana que contrarrestara la influencia negativa. Este ser fue Cristo [17].

Cuando los luciferes tientan a la Humanidad por medio de Eva [18] (humanidad femenina) le dicen que se abrirían sus ojos y serían como Dios, conocedores del Bien y del Mal. Pero este hecho sólo se produciría comiendo del fruto del árbol prohibido, el cual le permitiría obtener el conocimiento para llegar a convertirse en dioses.

Una interpretación literal podría hacernos creer que el fruto prohibido era cualquiera de los que producen nuestros hermosos árboles frutales, y así lo han visto algunos autores, llegando a interpretar que se trataba de una manzana. Pero, desde el punto de vista esotérico, el fruto prohibido hace alusión al acto generacional.

---

[17] Ver a este respecto la obra *Jesús y Cristo, historia oculta de una misión divina,* publicada por esta misma editorial.

[18] Esta tentación podría haber sido dirigida hacia Adán (humanidad masculina), pero lo fue hacia Eva (humanidad femenina) porque era la que tenía las facultades imaginativas más desarrolladas y, por tanto, la que mejor podía escuchar sus voces. Pero el hecho en sí lo habría podido realizar cualquiera de las dos polaridades de la Humanidad, porque, de hecho, originalmente eran una unidad.

El Sermón del Monte.
Ilustración de Gustavo Doré para una edición de la Biblia,
Para contrarrestar la influencia lucífera, apareció Cristo en el momento adecuado, aquel en el que el hombre había descendido al punto más bajo del mundo material para darle el impulso necesario que hiciera posible su ascenso de nuevo al mundo espiritual. Las fuerzas crísticas son, por tanto, las que equilibran al hombre y le impelen a emprender el camino de vuelta.

En aquellos tiempos, la Humanidad era apenas consciente de sus cuerpos físicos, y los luciferes hicieron que los percibieran *abriéndole los ojos,* o sea, haciendo que enfocaran su conciencia al mundo físico. Desde ese momento, al percibir conscientemente sus cuerpos, conocieron la muerte, la enfermedad y el dolor. O sea, entraron de golpe en una etapa que no les correspondía vivir aún, se vieron precipitados de golpe a vivir en un estado de conciencia para el cual no estaban preparados. Su conciencia se fue oscureciendo para el mundo espiritual y, poco a poco, fueron perdiendo todo contacto con sus Creadores. Antes de eso, como hemos mencionado anteriormente, vivían felices en el Paraíso y la pérdida de sus cuerpos, esto es, la muerte del cuerpo físico no les producía ningún dolor, ni veían ninguna interrupción en sus conciencias cuando se producía. Este acontecimiento era percibido como lo hacen algunos animales inferiores cuando cambian de piel.

Al producirse la Caída, el hombre se alejó cada vez más de sus Creadores y, al caer bajo el imperio del deseo, dejó de oír su voz con precisión, para oír más de cerca la voz de los luciferes. Por lo tanto, las Jerarquías Creadoras dejaron de unir a las parejas para realizar el acto generacional como se venía haciendo, en determinadas épocas del año, porque los luciferes habían provocado la desarmonía y, al hacer caer al hombre bajo el imperio del deseo, le hicieron fijar su atención únicamente en el placer que va unido al acto sexual. El hombre, al haberse alejado de los Creadores y perder todo contacto con ellos, hizo caso a los luciferes y violó las normas cósmicas, no esperando a generar en ciertas épocas del año, cuando los astros eran propicios, sino que lo hizo en cualquier momento, cuando le apetecía. Esta violación de las leyes, provocó inevitablemente el dolor como una consecuencia natural.

Como podemos ver, lo que algunos han interpretado como una *maldición,* no es tal, sino la consecuencia lógica de un comportamiento erróneo. Los Elohim sabían que, como la atención del hombre se centraba, a partir de ahora, en su envoltorio físico, éste percibiría la muerte. También sabían que el hombre aún no estaba preparado para contrariar su voluntad, pues no podría poner freno a sus pasiones ni regular el acto sexual mediante las posiciones planetarias. En una palabra, no había sido suficientemente desarrollado como para ser adulto y controlar sus pasiones con inteligencia. Por lo que el efecto de su ignorancia en las leyes cósmicas, cayendo en el desenfreno pasional y dándole más importancia que al acto generacional inteligentemente concebido, fue necesariamente el dolor y la enfermedad. No obstante, esto le permitirá con el tiempo alcanzar la libertad y convertirse en un dios creador.

Cuando el hombre cae bajo la influencia luciferiana, Dios lo expulsa del Paraíso y le prohíbe el acceso al «Árbol de la Vida», poniendo Querubines para impedirles el acceso. A partir de aquí comienza el drama humano.

Dios no impide el acceso al Árbol de la Vida por simple capricho ni porque no quiera que el hombre alcance la inmortalidad, sino para protegerle. Para entender esta decisión, podemos decir que sería algo así como si a un hombre primitivo se le diesen poderes inmortales. La falta de raciocinio le llevaría, sin duda, a tomar decisiones desastrosas tanto para él como para los demás. Por poner un ejemplo que está a la orden del día desde la película de George Lucas, *La Guerra de las Galaxias*, se pasaría fácilmente al *lado oscuro*. El hombre, para poder llegar al Árbol de la Vida, tenía que recorrer todavía un largo camino y zambullirse de lleno en el mundo de los sentidos, aprendiendo y evolucionando hasta llegar a un estado en el que el dominio absoluto sobre sus bajos instintos le hiciesen apto para alcanzar la inmortalidad, que no es ni más ni menos que la plena conciencia de saber que lo es. En este estado de conciencia percibiría de nuevo el mundo espiritual y sabría a ciencia cierta que su espíritu es inmortal. Pero esto sólo podía conseguirlo con la secuencia de encarnaciones.

La Caída es uno de los capítulos menos entendidos por el hombre, y ha llenado infinidad de páginas en la historia de la Humanidad. En este capítulo hemos dado una de las versiones que puede tener más credibilidad para la mente humana, ávida de respuestas que puedan satisfacerla, y que ha sido refrendada por muchas escuelas esotéricas. No obstante, no pretende ser la única, pero es la que nos parece más válida, aunque, por supuesto, puede contener algún que otro error.

Expulsión de Adán y Eva. Ilustración de Gustavo Doré para una edición de la Biblia.

Dios no impide el acceso al Árbol de la Vida por simple capricho ni porque no quiera que el hombre alcance la inmortalidad, sino para protegerle. Para entender esta decisión, podemos decir que sería algo así como si a un hombre primitivo se le diesen poderes inmortales. La falta de raciocinio le llevaría, sin duda, a tomar decisiones desastrosas tanto para él como para los demás.

VII. LOS 72 ÁNGELES DE LA CÁBALA

Como hemos podido ver en capítulos precedentes, el Universo está compuesto por millares de ángeles. Cada uno de ellos tiene asignada una función. Los 72 ángeles o Genios de la Cábala proceden de la tradición cabalística[19] y su función específica consiste en ser nuestros tutores, es decir, nos inoculan, por así decirlo, la esencia cósmica que nos permitirá realizar nuestras acciones cotidianas y aprender la asignatura. Dicho de otra forma: nos proporcionan la energía que nosotros convertiremos en pensamientos, sentimientos y acciones, lo que nos permitirá aprender la lección y archivarla en nuestro Yo Superior para poder avanzar en nuestra evolución. Esta lección aprendida será recordada, de forma innata, para siempre. Constituirá, por decirlo de algún modo, la voz de nuestra conciencia, que nos avisará en forma de intuición o mediante algún símbolo. No nos abandonará en ninguna de nuestras encarnaciones. Es por eso por lo que muchos grandes personajes nacen con unos dones que a los demás mortales nos parece imposible alcanzar en el curso de una encarnación. La explicación es que ya lo traen aprendido por haberlo trabajado en existencias anteriores.

---

[19] La Cábala es una de las principales corrientes del judaísmo. Su base estructural es el árbol de la vida. En él están representados tanto el mundo de lo divino como el mundo de lo terreno, el hombre celestial y el hombre terrenal: el macrocosmos y el microcosmos. Según el rabino Ismael «Todos los compañeros (los iniciados) la comparan a un hombre que tuviese una escalera en medio de su casa por la que puede ascender y descender sin que nadie se lo impida (Pirke Hekalot, *Babilonia, siglo VI)*. Una explicación detallada sobre la Cábala nos alejaría bastante del cometido del presente trabajo, por lo que animamos al lector, si lo desea, a leer algunos de los muchos libros que se han editado sobre el tema.

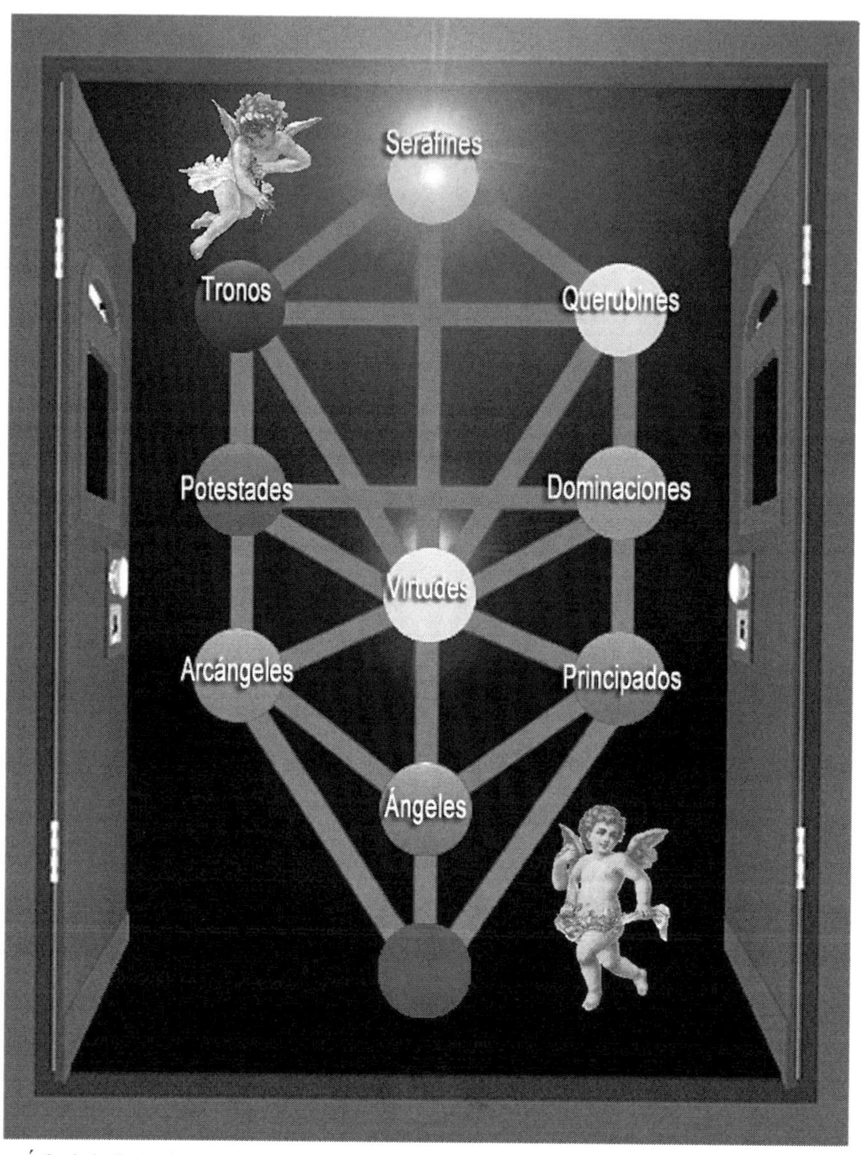

Árbol de la Vida con los nombres de las Jerarquías Angélicas en los 9 Sephirot. El décimo corresponde a los seres humano.

Dieño de Mejiel

Los ángeles de la Cábala tienen cada uno un nombre conocido que se extrae de tres versículos misteriosos del capítulo 14 del Éxodo bíblico: el 19, 20 y 21. Cada uno de estos tres versículos se compone de 72 letras hebreas.

ישראל וילך מאהריהם ויסע עמוד הענן מפניהם ויעמד מאהריהם
ויסע מלאכ האלהים ההלכ לפני מהנה

Traducción: *Y el ángel de Dios que iba delante del campamento de Israel, se apartó, e iba en pos de ellos; y asimismo la columna de nube que iba delante de ellos, se apartó, y se puso a sus espaldas* (Éxodo 14: 19).

ויהי הענן וההשכ מיאר את הלילה ולא קרב זה אל זה כל חלילה
ויבא בינ מהנה מצרים יבינ מהנה ישראל

Traducción: *E iba entre el campamento de los egipcios y el campamento de Israel; y era nube y tinieblas para aquellos, y alumbraba la noche a Israel; y en toda aquella noche nunca llegaron los unos a los otros* (Éxodo 14: 20).

ברוה קדים עזה כל הלילה וישמ את הים להרבה ויבקעו המים
ויט משה את ידו על הים ויולכ יהוה את היא

Traducción: *Y extendió Moisés su mano sobre el mar, e hizo el SEÑOR que el mar se retirase por recio viento oriental toda aquella noche; y tornó el mar en seco, y las aguas quedaron divididas* (Éxodo 14: 21).

Para crear el nombre de cada ángel se procede de la siguiente manera:

En primer lugar, ponemos los tres versículos uno encima del otro, tal como lo hemos hecho un poco más arriba. Después, tomamos la primera letra del primer versículo empezando por la derecha, luego la primera letra del segundo versículo empezando por la izquierda, y por último la primera letra del tercer versículo empezando por la derecha. Ya tenemos el primer nombre. Después tomamos la segunda letra del primer versículo empezando por la derecha, la segunda letra del segundo versículo empezando por la izquierda, y la segunda letra del tercer versículo empezando por la derecha. Así tendremos el segundo nombre. Seguiremos en este orden hasta completar los 72 nombres de Dios, expuestos en la siguiente tabla[20]:

LOS 72 NOMBRES DE DIOS							
8	7	6	5	4	3	2	1
כהת	אכא	ללה	מחש	עלם	סיט	ילי	וחו
16	15	14	13	12	11	10	9
הקמ	הרי	מבה	יזל	ההע	לאו	אלד	הזי
24	23	22	21	20	19	18	17
ההו	מלה	ייי	נלכ	פהל	לוו	כלי	לאו
32	31	30	29	28	27	26	25
ושר	לכב	ומא	ריי	שאה	ירת	האא	נתה
40	39	38	37	36	35	34	33
ייז	רהע	העמ	אני	מנד	כוק	להה	יהו
48	47	46	45	44	43	42	41
מיה	עשל	ערי	סאל	ילה	וול	מיכ	ההה
56	55	54	53	52	51	50	49
פיי	מבה	נית	ננא	עממ	ההש	דני	והו
64	63	62	61	60	59	58	57
מהי	ענו	יהה	ומב	מצר	הרה	ייל	נממ
72	71	70	69	68	67	66	65
מומ	היי	יבמ	ראה	הבו	איע	מנק	דמב

Tabla nº 1.-Los 72 Nombres de Dios.

Si a estos setenta y dos nombres le añadimos uno de los dos nombres divinos *Iah* יה o *El* אל, obtenemos el nombre de los 72 ángeles, tal como están expuestos en la siguiente tabla:

---

[20] Hay que tener en cuenta que en hebreo se escribe de derecha a izquierda.

Nº	Nombre en hebreo	Letras que componen el nombre	Pronunciación aproximada
1	וחויה	Vav, Heith, Vav, Yod, He	Vehuiah
2	יליאל	Yod, Lamed, Yod, Aleph	Jeliel
3	סיטאל	Shamek, Yod, Teith, Aleph, Lamed	Sitael
4	עלמיה	Ayn, Lamed, Mem, Yod, He	Elemiah
5	מחשיה	Mem, Heith Schin, Yod, He	Mahasiah
6	ללהאל	Lamed, Lamed, He, Aleph, Lamed	Lelahel
7	אכאיה	Aleph, Khaf, Aleph, Yod, He	Achaiah
8	כהתאל	Khaf, He, Tau, Aleph, Lamed	Cahetel
9	הזיאל	He, Zain, Yod, Aleph, Lamed	Haziel
10	אלדיה	Aleph, Lamed, Daleth, Yod, He	Aladiah
11	לאויה	Lamed, Aleph, Vav, Yod, He	Lauviah
12	ההעיה	He, He, Ayn, Yod, He	Hahaiah
13	יזלאל	Yod, Zain, Lamed, Aleph, Lamed	Iezalel
14	מבהאל	Mem, Beith, He, Alep, Lamed	Mebahel
15	הריאל	He Reish, Yod, Aleph, Lamed	Hariel
16	הקמיה	He, Qof, Mem, Yod, He	Hekamiah
17	לאויה	Lamed, Aleph, Vav, Yod, He	Lauviah
18	כליאל	Khaf, Lamed, Yod, Aleph, Lamed	Caliel
19	לוויה	Lamed, Vav, Vav, Yod, He	Leuviah
20	פהליה	Phe, He, Lamed, Yod, He	Pahaliah
21	נלכאל	Noun, Lamed, Khaf, Aleph, Lamed	Nelchael
22	יייאל	Yod, Yod, Yod, Aleph, Lamed	Ieiaiel
23	מלהאל	Mem, Lamed, He, Aleph, Lamed	Melahel
24	ההויה	He, He, Vav, Yod, He	Haheuiah
25	נתהיה	Noun, Tau, He, Yod, He	(Nith-Haiah
26	האאיה	He, Aleph, Aleph, Yod, He	Haaiah
27	ירתאל	Yod, Reish, Tau, Aleph, Lamed	Ierathel
28	שאהיה	Shin, Aleph, He, Yod, He	Seheiah
29	רייאל	Reish, Yod, Yod, Aleph, Lamed	Reiyel
30	ומאאל	Vav, Mem, Aleph, Alep, Lamed	Omael
31	לכבאל	Lamed, Khaf, Beith, Alep, Lamed	Lecabel
32	ושריה	Vav, Shin, Reish, Yod, He	Vasariah
33	יהויה (	Yod, He, Vav, Yod, He	Iehuiah
34	ללהיה	Lamed, He, He, Yod, He	Lehahiah
35	בוקיה	Khaf, Vav, Qof, Yod, He	Chavakiah
36	מנדאל	Mem, Noun, Daleth, Alep, Lamed	Menadel
37	אניאל	Aleph Noun, Yod, Alep, Lamed	Aniel
38	העמיה	He, Ayn, Mem, Yod, He	Haamiah

Nº	Nombre en hebreo	Letras que componen el nombre	Pronunciación aproximada
39	רהעאל	Reish, He, Ayn, Aleph, Lamed	Rehael
40	ייזאל	Yod, Yod, Zain, Aleph, Lamed	Ieiaiel
41	הההאל	He, He, He, Aleph, Lamed	Hahahel
42	מיכאל	Mem, Yod, Khaf, Yod, He	Mikael
43	ווליה	Vav, Vav, Lamed, Yod, He	Veuliah
44	ילהיה	Yod, Lamed, He, Yod, He	Ieialiah
45	סאליה	Samek, Aleph, Lamed, Yod, He	Sealiah
46	עריאל	Ayn Reish, Yod, Alep, Lamed	Ariel
47	עשליה	Ayn Shin, Lamed, Yod, He	Asaliah
48	מיהאל	Mem, Yod, He, Alep, Lamed	Mihael
49	והואל	Vav, He, Vav, Alep, Lamed	Vehuel
50	דניאל	Daleth, Noun, Yod, Alep, Lamed	Daniel
51	ההשיה	He, He, Shin Yod, He	Hahasiah
52	עממיה	Ayn, Mem, Mem, Yod, He	Imamiah
53	ננאאל	Noun, Noun, Aleph, Aleph, Lamed	Nanael
54	ניתאל	Noun, Yod, Thau, Alep, Lamed	Nithael
55	מבהיה	Mem, Beith, He, Yod, He	Mebahiah
56	פייאל	Phe, Vav, Yod, Alep, Lamed	Poyel
57	נממיה	Reish, He, Ayn, Yod, He	Rehael
58	יילאל	Yod, Yod, Lamed, Aleph, Lamed	Ieialel
59	הרהאל	He, Reish, He, Aleph, Lamed	Harahel
60	מצראל	Mem, Tsade, Reish, Aleph, Lamed	Mitzrael
61	ומבאל	Vav, Mem, Beith, Aleph, Lamed	Umabel
62	יההאל	Yod, He, He, Aleph, Lamed	Iah-Hel
63	ענואל	Ayn, Noun, Vav, Aleph, Lamed	Sealiah
64	מהיאל	Mem, He, Yod, Alep, Lamed	Mehiel
65	דמביה	Daleth, Mem, Beith, Yod, He	Damabiah
66	מנקאל	Mem, Noun qof, Alep, Lamed	Manakel
67	איעאל	Aleph, Yod, Ayn, Aleph, Lamed	Eiael
68	הבויה	Beith, Vav, Vav, Alep, Lamed	Habuhiah
69	ראהאל	Reish, Aleph, He Aleph, Lamed	Rochel
70	יבמיה	Yod, Beith, Mem, Yod, He	Jabamiah
71	הייאל	He, Yod, Yod Aleph, Lamed	Haiaiel
72	מומיה	Mem, Vav, Mem Yod, He	Mumiah

Tabla nº 2.- Los Nombres y su Pronunciación.

Los 72 ángeles de la Cábala son los encargados de suministrarnos, como hemos dicho, la energía procedente del Creador, que ha de ser transformada después en sentimientos, pensamientos o acciones generadores de conciencia. La gran asignatura divina para que podamos evolucionar, alcanzar la omnisciencia y llegar a ser dioses creadores fue dividida en 72 partes, y se le dio a cada uno de los ángeles una porción del conocimiento para que nos lo fueran suministrando poco a poco, ya que, según parece, el ser humano no estaba preparado para recibir la energía directamente, pues, al ser demasiado elevada, no podía asimilarla y, como consecuencia, no aprendía absolutamente nada. Esto, según algunos autores, precipitó la llegada del Diluvio universal y determinó una Segunda Creación. La Primera Creación llegaría hasta el Diluvio; y la Segunda, a partir de allí, donde empezarían a intervenir los 72 ángeles.

72 es, pues, un número sagrado citado en numerosas ocasiones. Por ejemplo, la escalera de Jacob consta de 72 peldaños, cuya cima se pierde en las moradas espirituales, desde donde descienden los ángeles y se comunican con los humanos; Cristo escogió a 72 discípulos para expandir la semilla del Reino de los Cielos; los intérpretes de las sagradas escrituras del pueblo hebreo eran 72; la Tierra se dividió en 72 naciones, etc. Y 72 son, al parecer, las moradas internas del ser humano donde va a parar la energía angélica para ser transformada en pensamientos, sentimientos y acciones para generar conciencia.

Estos 72 ángeles tienen su domicilio en el Zodiaco, ocupando 5 grados cada uno, y proceden de las Jerarquías. De hecho, forman 9 Coros de 8 ángeles cada uno y nos proveen de las virtudes de Dios, para que un día puedan ser también las nuestras. Asimismo trabajan con las energías que se desprenden de las entidades zodiacales. Además, cada Ángel está domiciliado otras cinco veces a lo largo del año en el Zodiaco, o sea, empezando el n.º 1 Vehuiah por el grado 1 de Aries y siguiéndole los demás hasta cumplir el grado 72. Después empieza otra vez el n.º 1 en el grado 73, etc. Así hasta 5 veces (72 x 5 = 360º). Vuelven también a estar todos los ángeles presentes en el ciclo diario de 24 horas a razón de 20 minutos cada uno desde la salida del Sol.

La escala de Jacob.

Francken el Mozo (Frans Francken II)

Virtudes de los 72

Cada ángel es portador de una serie de conocimientos y virtudes, que son los que nos transmiten a los seres humanos. Por el momento conozcamos cuales son, más adelante estudiaremos la forma de trabajar adecuadamente con ellos.

Canción de Ángeles. Willian Bouguereau

Vehuiah

(Dios elevado y exaltado por encima de todas las cosas)

Ángel nº 1

Jerarquía: Serafines

Esencia: Voluntad

Fecha aproximada de regencia y domicilio zodiacal:

- del 21 al 25 de marzo (exactamente de 0º a 5º de Aries)

Rotación de cada Ángel grado a grado (o aprox. día a día):

- el 21 de marzo (0º a 1º de Aries)
- el 3 de junio (12º a 13º de Géminis)
- el 17 de agosto (24º a 25º de Leo)
- el 31 de octubre (6º a 7º de Escorpio)
- el 9 de enero (18º a 19º de Capricornio)

Rotación diaria de cada Ángel cada 20 minutos:

- desde las 0 a las 0, 20 horas después de la hora de salida del sol

Enseñanzas y virtudes que proporciona:

Mucha energía y fuerza de voluntad para ejecutar y transformar cualquier cosa; espíritu sutil; sagacidad para descubrir los engaños y las trampas; apasionamiento por las ciencias y las artes; gusto por la aventura, la acción y el riesgo; iluminación divina; protección contra la turbulencia, el pronto y la cólera.

La esencia *Voluntad* nos proporciona la primera piedra, el primer eslabón, sin los cuales nada de lo que viene después podrá sustentarse. Para que algo empiece es necesario movilizar la voluntad. Esa es la esencia de Vehuiah, hacer que nos pongamos en dirección hacia el objetivo, dar el primer paso. «Hágase tu Voluntad», dice el Padrenuestro. Y esa es precisamente la tarea de Vehuiah en nosotros: hacer que la voluntad del Padre se cumpla. Para ello este designio divino se vuelca en nuestra morada interna y pone rumbo hacia su puesta en práctica. Para lo cual deberá recorrer un largo camino, seguido por los restantes 71 ángeles.

El ángel contrario nos servirá una voluntad que, al no haber sido utilizada de forma positiva, nos vuelve contaminada por los luciferianos, los cuales se nutren de la energía negativa. En este caso, serán la turbulencia y la cólera, los desechos de aquella voluntad que no se utilizó cuando debió hacerse. Si no se da cuenta de este estado, puede tomar decisiones muy peligrosas para su evolución y la de los seres que le rodean. Es necesario, pues, que el influenciado por el ángel del abismo se dé cuenta de que está lleno de turbulencia y cólera. Solamente entonces podrá disolverla, lo que le hará muchísimo bien, tanto a él como a todos los que le rodean.

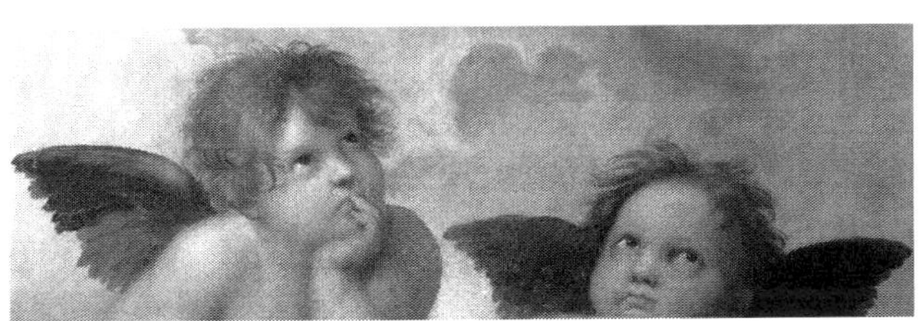

Querubines (Detalle). Rafael Sanzio de Urbino

Jeliel

(Dios compasivo)

Ángel nº 2

Jerarquía: Serafines

Esencia: Amor y Sabiduría

Fecha aproximada de regencia y domicilio zodiacal:

- del 26 al 30 de marzo (exactamente de 5º a 10º de Aries)

Rotación de cada Ángel grado a grado:

- el 22 de marzo (1º a 2º de Aries)
- el 4 de junio (13º a 14º de Géminis)
- el 18 de agosto (25º a 26º de Leo)
- el 31 de octubre (7º a 8º de Escorpio)
- el 10 de enero (19º a 20º de Capricornio)

Rotación diaria de cada Ángel cada 20 minutos:

- desde las 0,20 a las 0,40 horas después de la hora de salida del sol.

Enseñanzas y virtudes que proporciona:

Obediencia a los reyes y a los gobernantes legítimos; paz entre esposos y fidelidad conyugal; fecundidad; espíritu jovial, agradable y galante; inspira amor y pasión entre los sexos; restablece la armonía entre los jefes y los empleados; protección contra los que nos atacan injustamente; calma en las sediciones populares.

La esencia *Amor y Sabiduría* sitúa en nuestro interior el amor primigenio y desinteresado que nos llevará a ser útiles para los demás. Es un amor revestido de sabiduría que se volcará en los que lo necesitan. De esta manera, nos convertiremos en una luz indicadora que dirá a los demás el camino a seguir. Seremos una guía de sabiduría donde podrán encontrar su norte, su camino. De esta forma, calmaremos cualquier sedición y manifestaciones populares, haciéndoles ver que, tarde o temprano, conseguirán lo que piden.

El ángel contrario se empeñará en el celibato y las malas costumbres cuando aún no se está preparado para ello. Hay personas que sí lo están, aunque son los menos; pero, en general, la energía sexual hay que utilizarla para tener hijos. Negarse a ello constituye un atentado al orden cósmico. Recordemos a este respecto que cualquier persona que se niegue a tener hijos se está comportando igual que los célibes, pues no deja de ser una mala costumbre que impide el acceso a la evolución de almas que tienen que reencarnar para poder seguir evolucionando. Este tipo de comportamiento traerá consigo la desunión de esposos o la separación, ya que la pareja se verá desconectada de la fuente de amor, precipitándose en una serie de errores, hasta que vuelva a desear aquel Amor que Jeliel pone a su disposición. Será entonces cuando volverá a conectarse con él, que le sacará de su desgraciada situación.

Sitael

(Dios la esperanza de todas las criatuas)

Ángel nº 3

Jerarquía: Serafines

Esencia: Voluntad Constructora

Fecha aproximada de regencia y domicilio zodiacal:

- del 31 de marzo al 4 de abril (exactamente de 10º a 15º de Aries)

Rotación de cada Ángel grado a grado:

- el 23 de marzo (2º a 3º de Aries)
- el 5 de junio (14º a 15º de Géminis)
- el 19 de agosto (26º a 27º de Leo)
- el 2 de noviembre (8º a 9º de Escorpio)
- el 11 de enero (20º a 21º de Capricornio)

Rotación diaria de cada Ángel cada 20 minutos:

- desde las 0,40 a las 1 horas después de la hora de salida del sol.

Enseñanzas y virtudes que proporciona:

Empleos con responsabilidades ejecutivas; ayuda a ingenieros y arquitectos; superación de situaciones adversas; protección contra las armas y las fuerzas del mal; ayuda para ser fiel a la palabra dada y hacer frente a los compromisos; protección contra la hipocresía, la ingratitud y el perjurio.

La esencia *Voluntad Constructora* nos permitirá construir de acuerdo con el orden cósmico, hará que superemos las situaciones adversas que una mala construcción en el pasado puso en circulación. Lo adverso, en este caso, es todo lo que se construye de acuerdo con patrones contrarios a la ley divina, es decir, al revés de cómo debería haberse construido. Sitael nos ayuda con esta esencia a darle la vuelta a nuestras construcciones y empezar a construir de acuerdo con el orden cósmico. Entonces desaparecerán de nuestra vida las adversidades y todo encajará en nosotros y en nuestro ambiente social.

El ángel contrario enseñará por medio de la hipocresía, la ingratitud y el perjurio. Si el ángel de arriba enseña a construir de acuerdo con el orden cósmico, el de abajo lo hará de acuerdo con un patrón material y egoísta. Esto dará lugar al hipócrita que se muestra de una manera sólo como estrategia para lograr obtener un beneficio personal. No mantendrá la palabra dada, su falta de sinceridad y su ingratitud hacia los que le ayudan harán que todo a su alrededor se desmorone, ya que no se construye sobre bases firmes y sinceras. Sus construcciones no durarán, sus servicios no serán reconocidos… De esta forma, entenderán que tienen que empezar a construir con las normas de arriba, cultivando la honradez y el altruismo propios del ángel Sitael.

Sitael te permite construir de acuerdo al Orden Cósmico

Te protege principalmente contra las situaciones adversas

Ylemiah

(Dios oculto)

Ángel nº 4

Jerarquía: Serafines, n.º 4

Esencia: Poder Divino

**Fecha aproximada de regencia
y domicilio zodiacal:**

- del 5 al 9 de abril (exactamente de 15º
a 20º de Aries)

Rotación de cada Ángel grado a grado:

- el 24 de marzo (3º a 4º de Aries)
- el 6 de junio (15º a 16º de Géminis)
- el 20 de agosto (27º a 28º de Leo)
- el 3 de noviembre (9º a 10º de Esc.)
- el 12 de enero (21º a 22º de Cap.)

Rotación diaria de cada Ángel cada 20 minutos:

- desde las 1 a 1,20 horas después de la hora de salida del sol.

Enseñanzas y virtudes que proporciona:

Protección en los viajes y las expediciones marítimas; descubrimientos que pueden ser de gran utilidad; éxito y felicidad en la profesión; tranquilidad de espíritu; descubrimiento de traidores; protección contra la mala educación y la tentación de poner obstáculos en las empresas.

La esencia *Poder Divino* nos permitirá construir en la tierra el mundo divino, siendo capaces de rectificar los errores que en el pasado hayamos podido cometer. Si asimilamos bien esta esencia y se hace fuerte en nosotros, podremos parar los errores que de otra manera cometeríamos y encauzar nuestra vida de acuerdo con los designios de nuestro Yo Superior; el mar de nuestros sentimientos se calmará y no se producirán naufragios en nuestra vida.

El ángel contrario nos educará de acuerdo con criterios contrarios al orden divino, a nuestro Yo Superior. Esta mala educación puede hacer que nuestros descubrimientos, en lugar de ser buenos para la Humanidad, sean peligrosos; en lugar de construir, destruiremos; en vez de ayudar a desarrollar una empresa, pondremos los obstáculos necesarios para que se paralice. Destruiremos todo aquello que se ponga en nuestro paso: un negocio, una relación, un amor, etc. Todo esto ha de conducirnos al fracaso y a la infelicidad, y será entonces cuando tomaremos conciencia de que nuestra dinámica es equivocada, lo cual nos proporcionará la base para cambiarla y seguir los dictados de nuestro Yo Superior de acuerdo con Elemiah.

Mahasiah

(Dios salvador)

Ángel nº 5

Jerarquía: Serafines, n.º 5

Esencia: Capacidad para Rectificar

Fecha aproximada de regencia y domicilio zodiacal:

- del 10 al 15 de abril (exactamente de 20º a 25º de Aries)

Rotación de cada Ángel grado a grado:

- el 25 de marzo (4 a 5 de Aries)
- el 7 de junio (16º a 17º de Géminis)
- el 21 de agosto (28º a 29º de Leo)
- el 4 de noviembre (10º a 11º de Escorpio)
- el 13 de enero (22º a 23º de Capricornio)

Rotación diaria de cada Ángel cada 20 minutos:

- desde las 1,20 a las 1,40 horas después de la hora de salida del sol.

Enseñanzas y virtudes que proporciona:

Vivir en paz con todo el mundo; capacidad para aprender las Altas Ciencias, la Filosofía Oculta, la Teología y las Artes Liberales; aprendizaje fácil de cualquier cosa que se desee; buen carácter y belleza; protección contra el libertinaje y las malas cualidades de cuerpo y alma.

La esencia *Capacidad para Rectificar* nos ayuda a rectificar los errores en el mismo momento en el que se están produciendo. Es decir, nos concede el privilegio de subsanar lo que nos está saliendo mal antes de que llegue a materializarse en el mundo. Su objetivo es lograr que nuestros deseos marchen al unísono con el designio Divino, armonizando todo lo que unos deseos erróneos querrían exteriorizar.

El ángel contrario querrá hacernos aprender por medio de la ignorancia, el libertinaje y las malas cualidades de cuerpo y de alma. La ignorancia se refiere a la privación del aprendizaje de lo trascendente. Los individuos influenciados por el ángel de abajo no querrán aprender nada que le hable de la sabiduría, o sea, de las ciencias elevadas. Ellos creerán que no necesitan aprender nada en este sentido, algunos incluso pensarán que ya lo saben todo y practicarán o enseñarán alguna religión, lo cual también, en algunos casos, puede ser una forma de ignorar, pues no dejarán entrar ningún conocimiento al creer que están en posesión de la verdad única y exclusiva. El libertinaje alude a los que buscan el placer sin el conocimiento ni la obra que pueden producirlo. Esta dinámica, junto a la ignorancia, puede llevar a las malas cualidades de cuerpo y alma, en esta o en la próxima existencia.

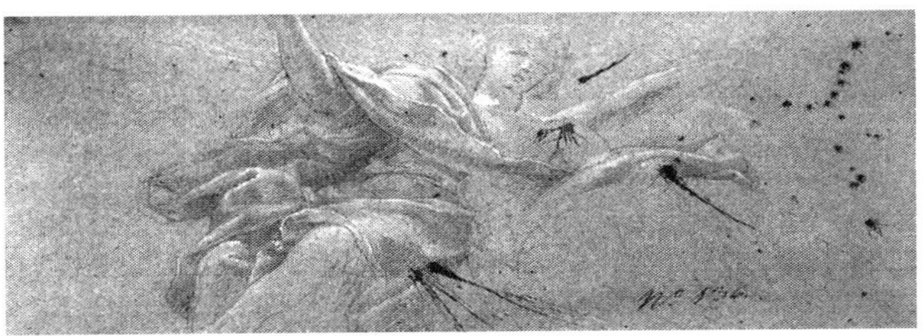

Ángel Mancebo. Francisco Bayeu y Subías

 # Ielahel

(Dios loable)

Ángel n.º 6

Jerarquía: Serafines, n.º 6

Esencia: Luz (Entendimiento, Conciencia)

Fecha aproximada de regencia y domicilio zodiacal:

- Del 15 al 20 de abril (exactamente de 25º a 30º de Aries)

Rotación de cada Ángel grado a grado:

- el 26 de marzo (5 a 6 de Aries)
- el 8 de junio (17º a 18º de Géminis)
- el 22/23 de agosto (29º a 30º de Leo)
- el 4 de noviembre (11º a 12º de Escorpio)
- el 14 de enero (23º a 24º de Capricornio)

Rotación diaria de cada Ángel cada 20 minutos:

- desde las 1,40 a las 2 horas después de la hora de salida del sol.

Enseñanzas y virtudes que proporciona:

Adquirir luz (entendimiento) y curar enfermedades; amor, fama y fortuna; adquirir conocimientos científicos y habilidad en el dominio de las artes; conseguir ser célebre por sus talentos y sus acciones; protección contra la ambición y la tentación de adquirir fortuna por medios ilícitos.

La esencia *Luz (Entendimiento, Conciencia)* situará en nuestro interior la capacidad para entender todas las cosas. Esta luz y entendimiento son los que nos permiten desarrollar una conciencia. El proceso es como sigue: en cada encarnación venimos a aprender una serie de cosas, Lelahel, con su Luz, nos ayuda a entenderlas y, una vez entendida y aprendida la lección, archivamos la quintaesencia en nuestra conciencia. O sea, nuestra conciencia se hace mayor y en la próxima encarnación tendremos la conciencia un poco más desarrollada.

El ángel contrario nos enseñará por medio de la ambición, la cual nos inducirá a querer conseguir fortuna por medios ilícitos. La ambición, aunque esté bien vista en la sociedad, no es una virtud elevada, sino que viene de los ángeles caídos. La ambición nos hace desear lo que aún no nos pertenece, es decir, aquello que no nos corresponde por méritos propios, ya que todavía no hemos alcanzado ese nivel. Es como si una persona que nunca ha tocado música quisiera de repente tocar como Beethoven sin pasar por todo el trabajo previo que éste tuvo que realizar. Para situarse en un nivel es preciso haber trabajado para llegar allí, haber realizado correctamente cada etapa: plantación, enraizamiento, floración y fruto. Pero si uno quiere alcanzar niveles que no le corresponden, entonces tendrá la tentación, lo que se quiere conseguir no puede venir de una forma lícita. Y es posible que lo consiga; pero algo que no siga los pasos previos para alcanzarse, no resistirá y, tarde o temprano terminará desmoronándose. Actualmente, hay muchos empresarios que quieren conseguir frutos en muy poco tiempo, sin haber esperado las cuatro etapas aludidas más arriba. Es evidente que toda empresa que no tiene paciencia y no aguarda el tiempo necesario para desarrollarse, no prosperará.

Lelahel te proporciona el entendimiento que te permitirá comprender todas las cosas

Te protegerá principalmente contra la tentación de enriquecerte de manera ilícita

Achaiah

(Dios bueno y paciente)

Ángel nº 7

Jerarquía: Serafines, n.º 7

Esencia: Paciencia

Fecha aproximada de regencia y domicilio zodiacal:

del 21 al 25 de abril (exactamente de 0º a 5º de Tauro)

Rotación de cada Ángel grado a grado:

- el 27 de marzo (6 a 7 de Aries)
- el 9 de junio (18º a 19º de Géminis)
- el 24 de agosto (0º a 1º de Virgo)
- el 5 de noviembre (12º a 13º de Escorpio)
- el 15 de enero (24º a 25º de Capricornio)

Rotación diaria de cada Ángel cada 20 minutos:

- desde las 2 a las 2,20 horas después de la hora de salida del sol.

Enseñanzas y virtudes que proporciona:

Paciencia; descubrimiento de los secretos de la Naturaleza; propagación de las luces (el conocimiento); capacidad para trabajos difíciles; gusto por el aprendizaje de las cosas útiles; ver más allá de los hechos probados; protección contra la pereza, la negligencia y la despreocupación por los estudios.

La esencia *Paciencia* nos ayuda a descubrir lo que hay detrás de los problemas que se nos plantean. No sólo nos induce a resignarnos, sino a buscar las causas que nos han conducido hasta aquí, nos enseña a mirar detrás de toda anécdota u objeto material. No produce un estado pasivo e inactivo ante la vida, sino que actúa, eso sí, sin perder los nervios y sabiendo que todo tiene un sentido en esta vida que, tarde o temprano, se nos revelará. La paciencia de Job es un ejemplo a seguir por los que han nacido bajo el dominio de este ángel.

Achaiah te proporciona paciencia para descubrir todo lo que hay detrás de cada cosa o problema

El ángel contrario enseñará mediante la pereza, la negligencia, y la despreocupación. No debemos confundir la paciencia con pereza. Cuando rechazamos la paciencia que viene de arriba, el ángel de abajo nos aprovisiona de pereza. Por lo cual, nos tumbamos a la bartola y dejamos de hacer aquello que debemos. Es muy fácil confundir la paciencia con la pereza; pero diremos que se distingue porque la paciencia no se detiene en absoluto sino que actúa, aunque, como hemos dicho un poco más arriba, sin perder los nervios; y la pereza deja de hacer las cosas esperando que le vengan como por obra de magia, sin realizar ningún trabajo previo. La pereza conducirá a la negligencia y la despreocupación por cualquier tipo de aprendizaje, lo cual sólo puede traer problemas. Serán estos problemas con el mundo en general los que le harán volver su mirada hacia la luz, la cual le llevarán a practicar las virtudes de Achaiah.

Te protegerá principalmente contra la pereza y la negligencia

Vahetel

(Dios Adorable)

Ángel nº 8

Jerarquía: Serafines, n.º 8

Esencia: Bendición de Dios

Fecha aproximada de regencia y domicilio zodiacal:

- del 25 al 30 de abril (exactamente de 5º a 10º de Tauro)

Rotación de cada Ángel grado a grado:

- el 28 de marzo (7º a 8º de Aries)
- el 10 de junio (19º a 20º de Géminis)
- el 25 de agosto (1º a 2º de Virgo)
- el 6 de noviembre (13º a 14º de Escorpio)
- el 16 de enero (25º a 26º de Capricornio)

Rotación diaria de cada Ángel cada 20 minutos:

- desde las 2,20 a las 2,40 horas después de la hora de salida del sol.

Enseñanzas y virtudes que proporciona:

Bendición de Dios y liberación de los malos espíritus; buenas cosechas agrícolas y éxito en las labores campesinas; inspiración para elevarse hacia Dios y para darle gracias por los bienes que envía sobre la Tierra; gusto por la agricultura, el campo; mucha actividad en los negocios; protección contra la tentación de blasfemar contra Dios, los encantamientos y sortilegios que producen la esterilidad de los campos.

La esencia *Bendición de Dios* nos ayuda a ver si lo que estamos haciendo es de acuerdo con la dinámica divina o no. Si las cosas nos salen bien en la vida y recibimos bendiciones y dones que nos la hacen más cómoda, es señal inequívoca de que vamos por buen camino y lo que estamos haciendo recibe el beneplácito de nuestro Yo Superior. En cambio, si las cosas se nos complican, será porque algo estamos haciendo mal, es decir, lo que estamos haciendo no está de acuerdo con la tarea de nuestro Yo Superior. Esta esencia también nos sirve para dar gracias a Dios por todo lo que nos envía.

El ángel contrario hará que lo que hagamos sea todo aquello que es contrario a la dinámica del ángel de arriba. Esta forma de actuar se traducirá en el exterior por la esterilidad de los campos, es decir, nada nos saldrá bien: nuestros campos no producirán el fruto de nuestro trabajo, ya que lo que hemos sembrado no es precisamente aquello que teníamos que sembrar de acuerdo con el orden cósmico, sino todo lo contrario. Simbólicamente habremos hecho uso de un exceso de sentimentalidad, un temperamento demasiado estricto, una moral arbitraria… Lo cual se traducirá en el exterior por lluvias torrenciales, plagas, tormentas incendios, etc. Esto puede hacer que, en lugar de bendecir al Creador, lo maldigamos, lo cual no arreglará el problema. Así que, para encontrar una solución, debemos volver a bendecir a Dios por todo lo que nos envía, bueno o malo, ya que lo malo es aquello que nosotros mismos hemos sembrado, y es por esto por lo que hemos de empezar a trabajar en la dinámica de Cahetel, o sea, trabajar de acuerdo con el orden cósmico para poder invertir nuestra supuesta «maldición».

Cahetel te proporciona bendición de Dios y buenas cosechas

Te protegerá principalmente contra la tentación de blasfemar contra Dios

Raziel

(Dios de Misericordia)

Ángel n° 9

Jerarquía: Querubines, n.º 1

Esencia: Misericordia de Dios

Fecha aproximada de regencia y domicilio zodiacal:

- Del 1 al 5 de mayo (exactamente de 10º a 15º de Tauro)

Rotación de cada Ángel grado a grado:

- el 29 de marzo (8º a 9º de Aries)
- el 11/12 de junio (20º a 21º de Géminis)
- el 26 de agosto (2º a 3º de Virgo)
- el 7 de noviembre (14º a 15º de Escorpio)
- el 17 de enero (26º a 27º de Capricornio)

Rotación diaria de cada Ángel cada 20 minutos:

- desde las 2,40 a las 3 horas después de la hora de salida del sol.

Enseñanzas y virtudes que proporciona:

Misericordia de Dios; la amistad y el favor de los poderosos; la ejecución de una promesa hecha por una persona; la reconciliación con los que hemos ofendido o nos han ofendido; la buena fe, la sinceridad en las promesas; el perdón; protección contra el odio, la hipocresía y el engaño.

La esencia *Misericordia de Dios* nos permitirá desprendernos de todo el odio y rencor acumulado para poder aprovisionarnos de ella. Es el canal por el que Dios nos transmite su misericordia y, por eso, si se los pedimos, podemos quedar limpios de deudas kármicas. Aunque hemos de tener en cuenta que esto sólo funcionará cuando se solicita para comenzar una nueva vida, dando por terminados y corrigiendo los errores anteriores, que son los que nos pueden haber llevado a la situación difícil en la que actualmente nos encontramos. Pero no funcionará cuando el individuo quiera quitarse las deudas kármicas para volver a crear otras similares o incluso mayores, y comenzar así de nuevo la rueda de infortunios.

El ángel contrario transformará el amor en odio y aprovisionará al individuo de hipocresía y engaño. La función de estas armas negativas es conseguir llegar a la misericordia, al perdón y a la honestidad, pero, en este caso, el individuo lo conseguirá después de llegar a sentir esa violencia interna que producen el odio, la hipocresía y el engaño, ya que lo llevarán a un estado de infelicidad y remordimiento por el daño provocado a su prójimo, y terminará pidiendo para él esa misericordia y perdón que no quiso aplicar a los demás. El Padrenuestro ilustra este punto cuando dice *perdona nuestras ofensas como también nosotros perdonamos a los que nos han ofendido*. Es en misma medida en que aplicamos misericordia y perdón a nuestro prójimo en la que se nos aplicará a nosotros. Por eso, es por ahí por donde debe empezar a enmendarse quien haya aplicado durante mucho tiempo el odio, la hipocresía y el engaño.

Aladiah

(Dios propicio)

Ángel nº 10

Jerarquía: Querubines, n.º 2

Esencia: Gracia Divina

Fecha aproximada de regencia y domicilio zodiacal:

- del 6 al 11 de mayo (exactamente de 15º a 20º de Tauro)

Rotación de cada Ángel grado a grado:

- el 30 de marzo (9º a 10º de Aries)
- el 13 de junio (21º a 22º de Géminis)
- el 27 de agosto (3º a 4º de Virgo)
- el 8 de noviembre (15 a 16 de Escorpio)
- el 17 de enero (27 a 28 de Capricornio)

Rotación diaria de cada Ángel cada 20 minutos:

- desde las 3 a las 3,20 horas después de la hora de salida del sol.

Enseñanzas y virtudes que proporciona:

Curación de enfermedades; gracia de Dios; regeneración moral; buena salud; el perdón de las malas acciones que se hayan cometido; contacto con personas influyentes; empresas exitosas que le harán feliz y serán estimadas por muchos; protección contra la negligencia, el descuido en la salud y los negocios.

La esencia *Gracia Divina* va un poco más allá de la *Misericordia*, ya que hace borrón y cuenta nueva sin tener en cuenta los errores cometidos, es decir, borra el karma y perdona las culpas anteriores de un plumazo. Actúa de la misma forma que la ley crística del *perdón de los pecados*, o sea, olvidando la vida anterior y las causas negativas puestas en funcionamiento por el individuo. Lo único que ocurre es que esta forma de actuar, actualmente se entiende poco y sólo la suelen poner en funcionamiento las grandes almas, es decir, las que han llegado a un estado de evolución elevado. Aun así, los individuos que estén bajo la influencia de este ángel, deben procurar llevar a la práctica esta dinámica siempre que puedan.

El ángel contrario, al haber desperdiciado la esencia Gracia Divina, nos aprovisionará de negligencia, que nos llevará a tener un desinterés por todo aquello que nos importa. Por ello debemos otorgar perdón a aquellos que nos han injuriado, aunque no lo merezcan. Cuando en nuestra vida observemos que estamos siendo negligentes, debemos ser magnánimos, primero con nosotros mismos, y después con los demás. La palabra clave para resolver el problema de la negligencia, que podría hacer que descuidemos todo aquello que nos importa, perdiendo incluso la salud y haciendo que nuestros negocios se vayan a pique, es *perdón*. Cuando nos ocurra esto, observemos a nuestro alrededor y veamos a quién debemos perdonar, se lo merezca o no. Esto hará que se derrame sobre nosotros la *Gracia Divina*, perdonando nuestras culpas, y podamos trabajar adecuadamente con Aladiah.

Lauviah

(Dios loado y exaltado)

Ángel nº 11

Jerarquía: Querubines, n.º 3

Esencia: Victoria

Fecha aproximada de regencia y domicilio zodiacal:

- del 12 al 16 de mayo (exactamente de 20º a 25º de Tauro)

Rotación de cada Ángel grado a grado:

- el 31 de marzo (10º a 11º de Aries)
- el 14 de junio (22º a 23º de Géminis)
- el 28 de agosto (4º a 5º de Virgo)
- el 9 de noviembre (16 a 17 de Escorpio)
- el 18 de enero (28 a 29 de Capricornio)

Rotación diaria de cada Ángel cada 20 minutos:

- desde las 3,20 a las 3,40 horas después de la hora de salida del sol.

Enseñanzas y virtudes que proporciona:

Protección contra el rayo, las tempestades naturales y morales; obtención de la victoria; consecución de fama; sabiduría; obtención de celebridad gracias al talento; protección contra el orgullo, la ambición y la calumnia.

La esencia *Victoria* nos permitirá enfrentarnos con los problemas cotidianos y salir triunfantes. Es evidente que nuestro deseo por obtener la victoria debe estar promovido por deseos justos, es decir, de acuerdo con la ley divina, a los dictados de nuestro Yo Superior, no por deseos egoístas para obtener poder, fama y bienes materiales. Esta victoria vendrá como un fruto natural por haber hecho bien el trabajo anteriormente.

El ángel de abajo, al contrario que el ángel de arriba nos proporcionará la victoria injusta, o sea, aquella que vendrá después de un proceso de celos, ambición, orgullo y calumnias. Está victoria vendrá de la misma manera que viene la victoria de arriba, pero al haber procedido de forma pasional para obtenerla y sin merecerla en absoluto por nuestro buen comportamiento anterior, nos cargaremos de karma, es decir, lo que hagamos a nuestro prójimo para obtenerla será lo que nos haga él cuando el karma dé la vuelta y venga a nuestro encuentro. Seremos alternativamente víctimas y verdugos, hasta que deseemos con todas nuestras fuerzas salir triunfantes haciendo sólo lo que es lícito según la ley divina y los dictados de nuestro Yo Superior.

Rahaiah

(Dios refugio)

Ángel nº 12

Jerarquía: Querubines n.º 4

Esencia: Refugio

Fecha aproximada de regencia y domicilio zodiacal:

- del 17 al 21 de mayo (exactamente de 25º a 30º de Tauro)

Rotación de cada Ángel grado a grado:

- el 1 de abril (11º a 12º de Aries)
- el 15 de junio (23º a 24º de Géminis)
- el 29 de agosto (5º a 6º de Virgo)
- el 10 de noviembre (17 a 18 de Escorpio)
- el 19 de enero (29 a 30 de Capricornio)

Rotación diaria de cada Ángel cada 20 minutos:

- desde las 3,40 a las 4 horas después de la hora de salida del sol.

Enseñanzas y virtudes que proporciona:

Resolución de los conflictos y adversidades de todos los que les pidan ayuda y socorro, interpretación de sueños, símbolos y señales de la vida cotidiana. Sabiduría, espiritualidad y discreción, intachable reputación; buenas costumbres; afectuosidad y cordialidad; paz y armonía; protección contra la indiscreción, la mentira y los abusos de confianza.

La esencia *Refugio* hace alusión a la construcción de un cerco energético en el interior para impedir que las tendencias negativas y destructoras que el individuo pueda traer de otras existencias sean dañadas y puedan seguir dañando. Si el individuo invoca a este ángel, las tendencias positivas rodearán a las negativas y neutralizarán su poder de actuación, dejando de ser operativas.

El ángel contrario enseñará la indiscreción, la mentira y los abusos de confianza. Como hemos visto, la esencia de este ángel construye un cerco energético para evitar que las tendencias destructoras sean dañadas. Si esta esencia cae al abismo y nos es suministrado por el ángel de abajo, entonces el individuo negará que ha cometido tales actos recurriendo a la mentira y las ciudades-refugio, es decir, el cerco energético no se creará. El individuo al mentir puede crear una confianza momentánea en los que lo escuchan, pero la mentira después se verá descubierta y el peso de la ley kármica puede entonces caer sobre él, haciendo, incluso, que, al rechazarla se cree aún más karma.

Angel con túnica (Detalle). Juan de Valdés Leal

Iezalel

(Dios glorificado sobre todas las cosas)

Ángel nº 13

Jerarquía: Querubines n.º 5

Esencia: Fidelidad

Fecha aproximada de regencia y Fecha aproximada de regencia y domicilio zodiacal:

- del 22 al 26 de mayo aprox. (exactamente de 0º a 5º de Géminis)

Rotación de cada Ángel grado a grado:

- el 2 de abril (12º a 13º de Aries)
- el 16 de junio (24º a 25º de Géminis)
- el 30 de agosto (6º a 7º de Virgo)
- el 11 de noviembre (18 a 19 de Escorpio)
- el 20 de enero (0 a 1º de Acuario)

Rotación diaria de cada Ángel cada 20 minutos:

- desde las 4 a las 4,20 horas después de la hora de salida del sol.

Enseñanzas y virtudes que proporciona:

Adquirir buenas y sólidas amistades; ayuda e inspira a escritores y artistas para que tengan éxito en sus empresas; enseña cómo ser un buen orador y comunicador. Instruye a los políticos sobre la forma en que deben hacer política e incrementar su oratoria; da una buena memoria y una gran capacidad de percepción, así como un excelente ingenio; proporciona la relación con personas importantes, de las cuales recibirá favores y ayuda; asegura el amor para la persona y la fidelidad conyugal; y revela los planes secretos de sus enemigos antes de que los lleven a cabo.

La esencia *Fidelidad* es aquella que está relacionada con el mundo divino, o sea, la que nos hace ser fieles a lo más elevado que hay en nosotros. Nos provee de aquel material que nos permite conectarnos al manantial de Amor divino, haciendo que nuestros errores queden borrados, es decir, que no podamos cometerlos.

El ángel contrario enseñará la ignorancia, el error y la mentira, influyendo sobre los espíritus limitados que no quieren ni aprender ni hacer nada. La ignorancia va sobrada de conocimiento según su propio criterio. Por eso, los que aprenden mediante el ángel de abajo creen que lo saben todo y se atreven a rectificar a los que sí saben, cuando, en realidad, son unos ignorantes. La ignorancia, el error y la mentira son muy atrevidos y pueden cometer cualquier acto contra los que sí saben. La historia tiene muchos ejemplos en los cuales la ignorancia comete incluso crímenes. Por ejemplo, los ignorantes crucificaron a Cristo («Padre perdónalos porque no saben lo que hacen»). Galileo Galilei fue condenado por unos ignorantes al acusarlo erróneamente... Pero la verdad se abrirá un día paso entre los ignorantes y la reconocerán de forma inevitable, por lo que empezarán a trabajar con el ángel de arriba.

Mebahel

(Dios conservador)

Ángel nº 14

Jerarquía: Querubines n.º 6

Esencia: Verdad, Libertad y Justicia

Fecha aproximada de regencia y Fecha aproximada de regencia y domicilio zodiacal:

- del 27 al 31 de mayo (exactamente de 5º a 10º de Géminis)

Rotación de cada Ángel grado a grado:

- el 3 de abril (13º a 14º de Aries)
- el 17 de junio (25º a 26º de Géminis)
- el 31 de agosto (7º a 8º de Virgo)
- el 12 de noviembre (19 a 20 de Escorpio)
- el 21 de enero (1 a 2º de Acuario)

Rotación diaria de cada Ángel cada 20 minutos:

- desde las 4,20 a las 4,40 horas después de la hora de salida del sol.

Enseñanzas y virtudes que proporciona:

Victoria frente al enemigo, Justicia, Verdad y Libertad para liberar a los oprimidos y prisioneros que han sido puestos en la cárcel injustamente; protección de los inocentes; amor por la jurisprudencia y distinción en su ejercicio; protección de los inocentes, reconquista de lo perdido injustamente; ideas para realizar planes de paz; telepatía.

Protección contra la calumnia, los falsos testimonios y los pleitos.

La esencia *Verdad, Libertad y Justicia* proporcionará las herramientas imprescindibles para nuestra acción cotidiana. Las tres están relacionadas, ya que, si meditamos en ellas, comprenderemos cómo no puede haber libertad sin verdad ni justicia sin libertad.

El ángel contrario sustituirá la verdad por la calumnia, la cual pondrá en circulación una falsa verdad; la libertad, por el falso testimonio, que nos traerá pleito en lugar de justicia.

Mebahel te proporciona Verdad, Libertad y Justicia para tener éxito en la acción cotidiana

Un ángel tocando el violín (1480 aprox.). Melozzo da Forlí

Te protegerá principalmente contra la calumnia, los falsos testimonios y los pleitos

Nariel

(Dios Creador)

Ángel nº 15

Jerarquía: Querubines, n.º 7

Esencia: Purificación

Fecha aproximada de regencia y domicilio zodiacal:

- Del 1 al 6 de junio (exactamente de 10º a 15º de Géminis)

Rotación de cada Ángel grado a grado:

- el 4 de abril (14º a 15º de Aries)
- el 18 de junio (26º a 27º de Géminis)
- el 1 de septiembre (8º a 9º de Virgo)
- el 13 de noviembre (20º a 21º de Escorpio)
- el 22 de enero (2º a 3º de Acuario)

Rotación diaria de cada Ángel cada 20 minutos:

- desde las 4,40 a las 5 horas después de la hora de salida del sol.

Enseñanzas y virtudes que proporciona:

Filosofía oculta, magia y cábala; conocimiento de artes y ciencias; descubrimientos útiles e importantes; métodos de autoprotección; amor por la paz y fórmulas y mecanismos para llevarla allí donde se encuentre la persona que esté bajo su influencia; protección contra las falsas creencias y los enemigos del bien; convencimiento para volver a la fe; liberación de malos hábitos y purificación de las costumbres.

Si se necesita la protección de personas importantes, este ángel también se la proporcionará.

La esencia *Purificación* nos permite limpiarnos internamente de todas aquellas tendencias negativas que se han ido instalando en nuestra mente para poder llevar esa purificación a la sociedad que nos rodea. Entiéndase esta purificación como el desprendimiento de hábitos mentales que obstaculizan nuestra evolución espiritual y la de las personas de nuestro entorno social. Se trata de que quien nos escuche se convenza él mismo de su propia negatividad y pueda así emprender el camino de la regeneración. Nuestra misión consistirá en poner en evidencia sus malos hábitos con nuestro propio ejemplo, no emprender una batalla moral creyendo que nosotros somos mejores y no albergamos ningún tipo de negatividad.

El ángel contrario proporcionará disputas y peleas por la religión, falsas creencias e impiedad. Lo falso parecerá verdadero y peleará por ello con igual ímpetu por establecerlo. Cuando algo para imponerse necesita hacer uso de la fuerza, se delata como falso o que no contiene toda la verdad. La Verdad se impone por sí sola, convenciendo, no imponiendo. Todas las guerras de religión que se hacen por imponer una idea, creyendo que la suya es la única religión verdadera, y dicen que Dios exterminará a sus enemigos, ya que es el único Dios verdadero, están (o han estado) bajo el dominio de Hariel del abismo. Pueden vencer momentáneamente, pero, al final, la Verdad, tarde o temprano, terminará por imponerse, quedando los sistemas falsos en evidencia.

Hariel te proporciona las herramientas para poder desprenderte de hábitos negativos

Te protegerá principalmente contra las falsas creencias y te proporcionará la ayuda de personas importantes

Lakamiah

(Dios que erige el Universo)

Ángel nº 16

Jerarquía: Querubines, n.º 8

Esencia: Lealtad

Fecha aproximada de regencia y domicilio zodiacal:

- Del 7 al 11 de junio (exactamente de 15º a 20º de Géminis)

Rotación de cada Ángel grado a grado:

- el 5 de abril (15º a 16º de Aries)
- el 19 de junio (27º a 28º de Géminis)
- el 2 de septiembre (9º a 10º de Virgo)
- el 14 de noviembre (21º a 22º de Escorpio)
- el 23 de enero (3º a 4º de Acuario)

Rotación diaria de cada Ángel cada 20 minutos:

- desde las 5 a las 5,20 horas después de la hora de salida del sol.

Enseñanzas y virtudes que proporciona:

Lealtad, honor, renombre, gloria y riquezas; protección y favores de los reyes y altos dignatarios; descubrimiento de los traidores; remedios para la infertilidad femenina y confección de amuletos para este fin; victoria contra los enemigos; el favor de grandes personajes; protege contra las asechanzas de los rebeldes y los traidores.

La esencia *Lealtad* hará que busquemos lo más elevado para rendirle lealtad, tanto en nuestro mundo interior como en el exterior. No podremos ser leales a algo o a alguien que es negativo y perjudicial para él y para la sociedad que le rodea, sino sólo a aquél o aquello que es noble y elevado.

El ángel contrario proporcionará rebeldía sediciones y rebeliones. Puede ser uno mismo el rebelde o también los demás y rebelarse contra él. Así mismo, esta rebelión puede instalarse en su interior haciendo que lo inferior que hay en él se sitúe por encima de lo superior.

Ilustración de Gustavo Doré.para *El Paraiso Perdido*.

Iauuiah

(Dios admirable)

Ángel nº 17

Jerarquía: Tronos, n.º 1

Esencia: Revelación

Fecha aproximada de regencia y domicilio zodiacal:

- Del 12 al 16 de junio (exactamente de 20º a 25º de Géminis)

Rotación de cada Ángel grado a grado:

- el 6 de abril (16º a 17º de Aries)
- el 20 de junio (28º a 29º de Géminis)
- el 3 de septiembre (10º a 11º de Virgo)
- el 15 de noviembre (22º a 23º de Escorpio)
- el 24 de enero (4º a 5º de Acuario)

Rotación diaria de cada Ángel cada 20 minutos:

- desde las 5,20 a las 5,40 horas después de la hora de salida del sol.

Enseñanzas y virtudes que proporciona:

Paz de espíritu y sueño reparador; reanudar antiguas amistades; sueños proféticos; descubrimientos e inventos maravillosos en ciencia y tecnología, sobre todo en química y electricidad; intuición y gusto por la música, la poesía y la literatura, donde, si se aplica, puede alcanzar fama y renombre; percepción de la verdad interna y capacidad para distinguir lo falso.

La esencia *Revelación* hará que comprendamos todas las cosas al instante, sin necesidad de estudiarlas profundamente ni analizarlas; nos revela la verdad sin exigir demostración, ya que nadie podrá desvirtuarla, por mucho que busque la forma de hacerlo. Esta verdad será tal, que, aunque no podamos demostrarla con argumentos, sin embargo, para nosotros será una verdad eterna.

Ilustración de Doré para *la Divina Comedia*

El ángel contrario proporciona argumentos válidos para profesar el ateísmo, la falsa filosofía y la manera de atacar los dogmas espirituales. Hace que la persona se convierta en impío, atacando con fiereza todo lo que huele a religión y espiritualidad. Después de vivir una vida atacando todo lo divino, al final la persona llegará a tales tinieblas, que no podrá hacer otra cosa más que volverse a la luz y su vida, entonces, empezará a cambiar para inclinarse hacia la parte positiva del ángel de luz.

Haliel

(Dios pronto a socorrer)

Ángel nº 18

Jerarquía: Tronos, n.º 2

Esencia: Justicia

Fecha aproximada de regencia y domicilio zodiacal:

- del 17 al 21 de junio (exactamente de 25º a 30º de Géminis)

Rotación de cada Ángel grado a grado:

- el 7 de abril (17º a 18º de Aries)
- el 21 de junio (29º a 30º de Géminis)
- el 4 de septiembre (11º a 12º de Virgo)
- el 16 de noviembre (23º a 24º de Escorpio)
- el 25 de enero (5º a 6º de Acuario)

Rotación diaria de cada Ángel cada 20 minutos:

- desde las 5,40 a las 6 horas después de la hora de salida del sol.

Enseñanzas y virtudes que proporciona:

Ayuda inmediata en las adversidades; conocer la verdad en los juicios y hacer que triunfe el inocente; confusión de los culpables y falsos testigos; gusto por la verdad; distinción en la magistratura; protección contra el escándalo y hombres viles y deshonestos; capacidad para conocer las hierbas y las piedras preciosas para usarlas en métodos curativos; conocimientos de cábala y ciencias mágicas; protección contra los escándalos y los hombres viles.

La esencia *Justicia* hará que el sentido de la justicia vaya siempre con nosotros y nos impedirá actuar de forma injusta. Esta esencia nos permitirá en todo momento discernir lo que es justo de lo que no lo es en nuestra vida cotidiana.

El ángel contrario enseñará a ser vil y rastrero, incitará a ser un abogado sin escrúpulos, aquel que sólo busca enriquecerse a costa de los clientes sin importarle nada más. Intentará engañarles diciéndoles que lo justo es su propio negocio y no la honestidad y el buen hacer.

Ángel, copia de Rafael d´Urbino. Mariano José María Bernardo Fortuny y Garbo Marsal.

Leuviah

(Dios que atiende a los pecadores)

Ángel nº 19

Jerarquía: Tronos, n.º 3

Esencia: Inteligencia Expansiva o Fructificante

Fecha aproximada de regencia y domicilio zodiacal:

- del 22 al 27 de junio (exactamente de 0º a 5º de Cáncer)

Rotación de cada Ángel grado a grado:

- el 8 de abril (18º a 19º de Aries)
- el 22 de junio (de 0º a 1º de Cáncer)
- el 5 de septiembre (de 12º a 13º de Virgo)
- el 17 de noviembre (de 24 a 25º de Escorpio)
- el 27 de enero (de 6º a 7º de Acuario)

Rotación diaria de cada Ángel cada 20 minutos:

- desde las 6 a las 6,20 horas después de la hora de salida del sol.

Enseñanzas y virtudes que proporciona:

Amabilidad; jovialidad; ayuda en la adversidad; Gracia de Dios para la fecundidad; buena memoria, inteligencia, modestia en la forma de hablar; energía para soportar las adversidades con resignación y paciencia; buen juicio; energía para contagiar el amor por los métodos cabalísticos; protección contra la desesperanza, la tristeza y el desenfreno.

Ángeles en adoración. Caspar David Friedrich.

La esencia *Inteligencia Expansiva o Fructificante* hará que no nos quedemos con aquello que recibimos, es decir, la inspiración que nos viene y aquellas ideas que concebimos no debemos dejarlas estancadas, sino que debemos llevarlas a la práctica y expandirlas para que den fruto y otros puedan beneficiarse de nuestra inteligencia.

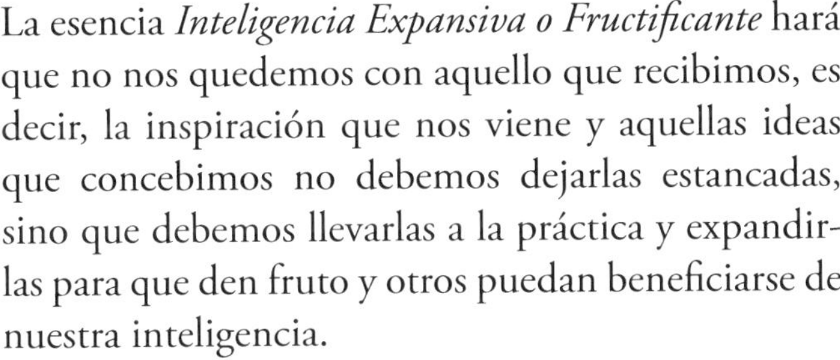

El ángel contrario provocará las penas, las pérdidas y las mortificaciones, el desenfreno y el desespero. La persona encontrará en todas estas cosas una forma de placer insano, perdiendo la alegría y buscando desesperadamente algo que le produzca placer, aun a costa de bajar cada vez más a niveles inferiores que le harán más infeliz. Hasta que llegue el momento de la toma de conciencia y deje de mortificarse para aprender mediante las virtudes positivas, como son la alegría, la inteligencia y la resignación y paciencia cuando le viene el karma que el mismo puso en circulación en otro momento, sabiendo que pronto acabará.

Pahaliah

(Dios redentor)

Ángel nº 20

Jerarquía: Tronos, n.º 4

Esencia: Redención

Fecha aproximada de regencia y domicilio zodiacal:

- del 28 de junio al 2 de julio (exactamente de 5º a 10º de Cáncer).

Rotación de cada Ángel grado a grado:

- el 9 de abril (19º a 20º de Aries)
- el 23 de junio (de 1º a 2º de Cáncer)
- el 6 de septiembre (de 13º a 14º de Virgo)
- el 18 de noviembre (de 25º a 26º de Escorpio)
- el 28 de enero (de 7º a 8º de Acuario)

Rotación diaria de cada Ángel cada 20 minutos:

- desde las 6,20 a las 6,40 horas después de la hora de salida del sol.

Enseñanzas y virtudes que proporciona:

Ayuda a entender todos los sistemas religiosos de la Tierra; descubrimiento de las Leyes Cósmicas; la evolución del hombre; guardar castidad y comprender por qué es de utilidad para la evolución, argumentos para convencer a los incrédulos; vocación religiosa y espiritual; ayuda para llevar la verdad a los pueblos, vocación de misionero/a; protección contra las tendencias al libertinaje y al error

La esencia *Redención* permite rectificar los errores del pasado, distinguiendo entre lo que está bien y lo que está mal, y nos permitirá unirnos a las Leyes Cósmicas, entendiendo por qué son útiles al progreso evolutivo y por qué no podemos darle la espalda.

El ángel contrario domina sobre la irreligión, la apostasía, el libertinaje y los que les gusta renegar. Esto debe entenderse en el sentido de llevar la contraria a las normas que rigen el cosmos y renegar de todo lo que sostiene el Universo, lo cual degenerará en enfermedades, hasta que el individuo se dé cuenta de que debe seguir de acuerdo con el orden cósmico y unirse a su plan, ya que es el único que mantiene en pie al universo material y espiritual.

Delchael

(Dios solo y único)

Ángel nº 21

Jerarquía: Tronos, n.º 5

Esencia: Afán de aprender

Fecha aproximada de regencia y domicilio zodiacal:

- del 3 al 7 de julio (exactamente de 10º a 15º de Cáncer)

Rotación de cada Ángel grado a grado:

- el 10 de abril (20º a 21º de Aries)
- el 24 de junio (de 2º a 3º de Cáncer)
- el 7 de septiembre (de 14º a 15º de Virgo)
- el 19 de noviembre (de 26º a 27º de Escorpio
- el 29 de enero (8º a 9º de Acuario)

Rotación diaria de cada Ángel cada 20 minutos:

- desde las 6,40 a las 7 horas después de la hora de salida del sol.

Enseñanzas y virtudes que proporciona:

Afán por aprender, sobre todo, Ciencias Ocultas y Hermetismo, Astronomía, Geografía y todas las ciencias abstractas; alienta el gusto por el estudio; poder de imaginación para escribir temas ocultos; protección contra los malos espíritus; liberación de situaciones opresivas, sumisión a las leyes y a las reglas; protege contra el mal genio, la ignorancia y el error.

La esencia *Afán de aprender* nos permite seguir evolucionando sin producir atascos en nuestras vidas y archivar en nuestra conciencia los conocimientos que vamos adquiriendo, que se unirán a los que ya hemos adquirido y los enriquecerán. Esto nos permitirá tarde o temprano alcanzar la omnisciencia.

El ángel contrario enseñará a través del mal genio, la ignorancia y el error. Esto nos puede ocurrir cuando rechazamos el aprendizaje. Si no queremos aprender, seremos ignorantes y cometeremos un montón de errores, que nos pondrán de mal humor, haciendo que salga nuestro mal carácter. Como aprender es seguir evolucionando como seres espirituales, si no queremos hacerlo, nos quedaremos rezagados y estancados, hasta que no tengamos más remedio que deshacer el atasco y ponernos a aprender a toda prisa aquello que no aprendimos antes.

Agar y el ángel. FransFrancken.II

Leiaiel

(Derecha de Dios)

Ángel nº 22

Jerarquía: Tronos, n.º 6

Esencia: Renombre

Fecha aproximada de regencia y domicilio zodiacal:

- del 8 al 12 de julio (exactamente del 15º al 20º de Cáncer)

Rotación de cada Ángel grado a grado:

- el 11/12 de abril (21º a 22º de Aries)
- el 25 de junio (3º a 4º de Cáncer)
- el 8 de septiembre (15º a 16º de Virgo)
- el 20 de noviembre (27º a 28º de Escorpio)
- el 30 de enero (9º a 10º de Acuario)

Rotación diaria de cada Ángel cada 20 minutos:

- desde las 7 a las 7,20 horas después de la hora de salida del sol.

Enseñanzas y virtudes que proporciona:

Respeto, fortuna, renombre y fama si lo desea; protección en los viajes por mar y los naufragios en sentido literal y figurado; favorece el comercio y los comerciantes, y las ideas liberales y filantrópicas; protege de los piratas, los ladrones; protege de los accidentes; favorece a los inventores.

La esencia *Renombre* nos permite alcanzar fama y buena reputación por nuestro trabajo, haciendo que nuestros proyectos lleven el sello de la perfección. Nos permitirá convencer a los demás de nuestras ideas con facilidad y nos aportará armonía y equilibrio.

El ángel contrario incitará a aprovecharse de los bienes ajenos y cuya consecución puede hacer que se esclavice a personas, creando un karma que se tendrá que vivir en el futuro. El individuo no querrá trabajar para conseguir lícitamente lo que le corresponde, sino que se aprovechará del trabajo de otros. Esto traerá consigo la mala fama y la mala reputación y hará que nadie le respete, hasta que tome conciencia de que debe trabajar por él mismo para conseguir aquello que desea.

leiaiel te proporciona fama y renombre para que todo lo que emprendas alcance un toque de perfección

Te protegerá principalmente de los accidentes, los piratas y los ladrones

Un ángel salva a Cosme y Damian de morir ahogados.
Guido di Pietro da Mugello.

Belahel

(Dios que libera de los males)

Ángel n° 23

Jerarquía: Tronos, n.º 7

Esencia: Capacidad Curadora

Fecha aproximada de regencia y domicilio zodiacal:

- del 13 al 18 de julio (exactamente del º20 al 25º de Cáncer)

Rotación de cada Ángel grado a grado:

- el 13 de abril (22º a 23º de Aries)
- el 26 de junio (4º a 5º de Cáncer)
- el 9 de septiembre (16º a 17º de Virgo)
- el 21 de noviembre (28º a 29º de Escorpio)
- el 31 de enero (10º a 11º de Acuario)

Rotación diaria de cada Ángel cada 20 minutos:

- desde las 7,20 a las 7,40 horas después de la hora de salida del sol.

Enseñanzas y virtudes que proporciona:

Protege de las armas de fuego y contra todo tipo de atentados; ayuda a conocer bien las plantas medicinales y a curarse y a curar a los demás con ellas; fertilidad a los campos; valor para iniciar operaciones arriesgadas y peligrosas; protección contra contagios, infecciones y enfermedades; protección en los viajes; parar las causas que pueden provocar los incendios.

La esencia *Capacidad Curadora* permite cultivar plantas medicinales o el deseo de estudiarlas para curar enfermedades. Esto hará que sintamos la necesidad de estudiar Medicina Natural para adquirir un conocimiento amplio con vistas a curar a los enfermos. El método curativo que emplearemos será principalmente a través de plantas medicinales, de las cuales llegaremos a conocer sus amplias virtudes para la curación. También podremos convertirnos en profesores de Medicina Natural en la especialización de Fitoterapia.

El ángel contrario provocará daños en las cosechas, contagios, enfermedades y contaminación en los campos. La no aceptación de las virtudes positivas puede dar lugar a tener que aprender y sufrir las negativas: cultivar plantas que dañan los campos y el organismo humano mediante el contagio de enfermedades, no conocer la causa de los posibles incendios y no poder parar las causas, etc. Este estado de cosas permanecerá hasta que el individuo tome conciencia de su error y decida trabajar de acuerdo con el orden cósmico y cultive las virtudes positivas del ángel.

Raheuiah

(Dios bueno por sí mismo)

Ángel nº 24

Jerarquía: Tronos, n.º 8

Esencia: Protección

Fecha aproximada de regencia y domicilio zodiacal:

- del 19 al 23 de julio (exactamente del º25 al 30º de Cáncer)

Rotación de cada Ángel grado a grado:

- el 14 de abril (23º a 24º de Aries)
- el 27 de junio (5º a 6º de Cáncer)
- el 10 de septiembre (17º a 18º de Virgo)
- el 22 de noviembre (29º a 30º de Escorpio)
- el 1 de febrero (11º a 12º de Acuario)

Rotación diaria de cada Ángel cada 20 minutos:

- desde las 7,40 a las 8 horas después de la hora de salida del sol.

Enseñanzas y virtudes que proporciona:

Gracia y misericordia de Dios; ayuda a los prisioneros, exiliados y fugitivos a obtener el perdón de sus culpas y no comparecer ante la justicia de los hombres, a condición de no volver a cometer las mismas faltas en el futuro; protección contra los animales peligrosos, protección contra los ladrones y asesinos, y para hacer que restauren las cosas robadas; preserva contra la tentación de vivir por medios ilícitos; gusto por la verdad y las ciencias exactas; sinceridad en sus palabras y acciones.

La esencia *Protección* permite escapar del rigor de la ley que se nos debería aplicar por nuestras malas acciones en el pasado. Nos protege de la venganza de aquellos que nos persiguen por el mal que les hicimos y no permite que se lleve a cabo, pero el precio a pagar es no volver a cometer ningún acto semejante.

El ángel contrario enseñará cómo vivir por medios ilícitos, mediante la delincuencia, lo que también puede traer consecuencias violentas y desagradables; podemos ser a la vez violentos y víctimas de la violencia, delincuentes y víctimas de la delincuencia. Viviremos en un ambiente donde lo habitual sea vivir la delincuencia en cualquiera de sus formas, hasta que caigamos en la cuenta de que de esta forma nunca nos irá bien y demos un giro de 180 grados. Seremos entonces como tantos delincuentes que, al llegar a este punto, han cambiado radicalmente sus vidas y se han convertido en lo contrario de lo que habían sido. Pues ya sabemos que el mal se autodestruye y sólo permanece el bien.

Haheuiah te proporciona Gracia y Misericordia de Dios

Te protegerá principalmente contra los ladrones y asesinos

Tres ángeles. Alessandro di Mariano di Vanni Filipepi (1475-1478)

(Dios que da la sabiduría)

Ángel nº 25

Jerarquía: Dominaciones, n.º 1

Esencia: Sabiduría

Fecha aproximada de regencia y domicilio zodiacal:

- del 24 al 28 de julio (exactamente del 0º al 5º de Leo)

Rotación de cada Ángel grado a grado:

- el 15 de abril (24º a 25º de Aries)
- el 28 de junio (6º a 7º de Cáncer)
- el 12 de septiembre (18º a 19º de Virgo)
- el 23 de noviembre (0º a 1º de Sagitario)
- el 2 de febrero (12º a 13º de Acuario)

Rotación diaria de cada Ángel cada 20 minutos:

- desde las 8 a las 8,20 horas después de la hora de salida del sol.

Enseñanzas y virtudes que proporciona:

Sabiduría; descubrir la verdad en los misterios ocultos; revelaciones en sueños; sueños proféticos; influencia en los sabios y en quienes les gusta la paz, la soledad y la meditación; conocimiento de los misterios más profundos del orden cósmico y uso práctico de sus leyes; protección contra magos negros y toda clase de agentes del mal.

La esencia *Sabiduría* permite entender la Creación y su grandeza, escuchar la música de las esferas; el individuo que acoge esta esencia será un hombre sabio y los demás le contemplarán como aquel que es capaz de solucionar todos los problemas con sus sabias palabras, pues serán como inspiradas por la más alta entidad espiritual. Pero esta sabiduría sublime le apartará de todo lo material.

El ángel contrario incitará al mago a utilizar los conocimientos y poderes para su propio beneficio, lo que le empujará a hacer toda clase de mal a los hombres y a los animales, creándose un karma que tendrá que liquidar en el futuro de una forma bastante dolorosa. La persona, en efecto, puede conseguir, mediante la magia negra, toda clase de bienes temporales, pero después tendrá que pagarlo trabajando gratis durante mucho tiempo, quizá le lleve varias encarnaciones, sin obtener ningún fruto. Esta estancia dolorosa en un mundo hostil, pagando el karma generado, le llevará, por fin, a la toma de conciencia y el individuo se prestará a trabajar de acuerdo con el orden cósmico, olvidándose de conseguir a cualquier precio lo que no le corresponde por ley, es decir, por sus propios esfuerzos trabajando del lado del bien universal.

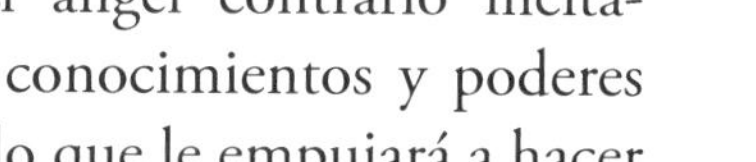

Aaaiah

(Dios oculto)

Ángel n° 26

Jerarquía: Dominaciones, n.º 2

Esencia: Ciencia Política

Fecha aproximada de regencia y domicilio zodiacal:

- del 29 de julio al 2 de agosto (exactamente del 5º al 10º de Leo)

Rotación de cada Ángel grado a grado:

- el 16 de abril (25º a 26º de Aries)
- el 29 de junio (7º a 8º de Cáncer)
- el 13 de septiembre (19º a 20º de Virgo)
- el 24 de noviembre (1º a 2º de Sagitario)
- el 3 de febrero (13º a 14º de Acuario)

Rotación diaria de cada Ángel cada 20 minutos:

- desde las 8,20 a las 8,40 horas después de la hora de salida del sol

Enseñanzas y virtudes que proporciona:

Ganar los procesos y tener a los jueces a favor si el individuo está en lo correcto; atraer el favor de personas importantes; protección en la búsqueda de la verdad; poder contemplar las cosas divinas; buenos resultados en la diplomacia, la política, las relaciones con el extranjero, los mensajeros y los tratados de paz; protección contra los conspiradores y los traidores, a los cuales descubrirá antes de que puedan llevar sus planes a la práctica.

La esencia *Ciencia Política* enseñará cómo ser un conductor de la sociedad, un político o una persona importante de esas que guían los destinos del mundo, con justicia y honradez. Serán gobernantes por vocación y lo aceptarán para prestar un servicio a la sociedad en la que viven y no para beneficio propio.

El ángel contrario proporcionará una ambición desmesurada, la cual atraerá a los enemigos y los traidores, que aprovecharán cualquier debilidad para entrar en acción. Estos traidores también pueden manifestarse en el interior y tratarán de derrocar a las tendencias que trabajan con los dictados del Yo Superior. Como podemos apreciar, los traidores y conspiradores aparecerán cuando el individuo no sea capaz de organizarse según el orden divino. Será entonces cuando los traidores derrocarán a las tendencias legales y establecerán las ilegales, que se aprovecharán de su poder para crear su propio mundo injusto. Será, entonces, cuando se convertirá en un político, un juez o un gobernante corrupto. Esto le llevará a vivir de forma desordenada y antinatural, hasta que experimente la necesidad de restablecer el orden divino y se ajuste al programa positivo del ángel, que, como sabemos, se ocupa de la justicia y de la honradez.

Ieratel

(Dios qué castiga a los malhechores)

Ángel nº 27

Jerarquía: Dominaciones, n.º 3

Esencia: Propagación de la Luz, la Civilización y la Libertad

Fecha aproximada de regencia y domicilio zodiacal:

- del 3 al 7 de agosto (exactamente del 10º al 15º de Leo)

Rotación de cada Ángel grado a grado:

- el 17 de abril (26º a 27º de Aries)
- el 30 de junio (8º a 9º de Cáncer)
- el 14 de septiembre (20º a 21º de Virgo)
- el 25 de noviembre (2º a 3º de Sagitario)
- el 4 de febrero (14º a 15º de Acuario)

Rotación diaria de cada Ángel cada 20 minutos:

- desde las 8,40 a las 9 horas después de la hora de salida del sol.

Enseñanzas y virtudes que proporciona:

Confusión de los malvados y calumniadores; liberación de los enemigos; protección contra los que nos provocan y atacan injustamente; propagador de la Luz, la Civilización y la Libertad; gusto por la paz, la justicia, las ciencias y las artes; distinción en la literatura; aprendizaje fácil de lenguajes y símbolos; protección contra la ignorancia, la esclavitud y la intolerancia; excelente capacidad de percepción.

La esencia *Propagación de la Luz, la Civilización y la Libertad* nos proporcionará la luz que viene de los mundos de arriba en forma de sabiduría divina para poder erradicar esa oscuridad interna que no se ajusta a sus normas: Nos enseñará a erradicar de nuestro interior los deseos y la forma de comportarnos negativos que no se ajustan a la moral cósmica. Esta transformación instaurará en nuestro interior, la paz, el amor y la sabiduría, y hará que queramos contárselo a los demás, creando a nuestro alrededor un mundo más *civilizado* y más *libre*.

El ángel contrario buscará por todos los medios que el individuo sea un ignorante, diciéndole que estudiar no vale la pena y que es más saludable ignorarlo todo. El individuo, por tanto, no querrá enterarse de aquellas cosas que podrían hacerle ser un ciudadano libre. En una palabra, no querrá saber *la verdad,* que es la única que puede llevarle a ser realmente libre*: «…y conoceréis la verdad y la verdad os hará libres»* (Juan 8: 32). Libre para actuar a voluntad sin impedimento kármico, pero también libre de cualquier hábito negativo en el que la persona ha podido caer, como pueden ser las drogas, el tabaco, el alcohol, etc. Es bien sabido por todas las personas medianamente cultas que la ignorancia lleva inevitablemente a la intolerancia. Se pueden poner de esto infinidad de ejemplos, véase en nuestro siglo, sin ir más lejos (aunque es un ejemplo extremo), cómo la ignorancia de los miembros de Al-Qaeda les ha llevado a un fanatismo religioso que ha degenerado en un terrorismo salvaje que, hasta la fecha, ha provocado miles de muertos.

Ieratel te proporciona sabiduría divina para poder erradicar los deseos negativos

Te protegerá principalmente contra la ignorancia, la esclavitud y la intolerancia

Seheiah

(Dios que cura a los enfermos)

Ángel nº 28

Jerarquía: Dominaciones, n.º 4

Esencia: Longevidad

Fecha aproximada de regencia y domicilio zodiacal:

- del 8 al 13 de agosto (exactamente del 15º al 20º de Leo)

Rotación de cada Ángel grado a grado:

- el 18 de abril (27º a 28º de Aries)
- el 2 de julio [21] (9º a 10º de Cáncer)
- el 15 de septiembre (21º a 22º de Virgo)
- el 26 de noviembre (3º a 4º de Sagitario)
- el 5 de febrero (15º a 16º de Acuario)

Rotación diaria de cada Ángel cada 20 minutos:

- desde las 9 a las 9,20 horas después de la hora de salida del sol.

Enseñanzas y virtudes que proporciona:

Protección contra los incendios, la ruina de los edificios, las caídas y las enfermedades; buena salud y larga vida; prudencia, buen juicio y

---

[21] Como se puede apreciar, nos hemos saltado el día 1 de julio. Esto es debido a que los 360º del Zodiaco no se corresponden con los 365 días del año, por lo que el lector haría bien en guiarse más bien por los grados. Si lo ha hecho por los días, entonces debe buscar qué grado corresponde al 1 de julio para poder identificar al ángel regente.

discreción; protección providencial contra los rigores del destino; protección contra la irreflexión y las decisiones erróneas.

La esencia *Longevidad* nos proporciona una vida larga y saludable llena de realizaciones y produciendo los frutos positivos del ángel: curar enfermedades, apagar incendios, evitar ruinas y catástrofes, etc. Es posible que las personas que estén bajo la tutela de este ángel sean unos grandes curanderos y muy juiciosos, es decir, cada problema o cosa que se le plantee, lo observará desde diversos puntos de vista, desde todas las perspectivas que pueda, para poder tomar la decisión más correcta. La prudencia será su consejera y nunca decidirá de forma irreflexiva, sino que empleará el tiempo necesario para tomar la decisión correcta.

Seheiah te proporciona una vida llena de realizaciones y capacidad para curar enfermedades

El ángel contrario rige sobre todos aquellos que prefieren no reflexionar y actuar sin pensar en las consecuencias de sus actos, por lo que todo lo que hagan de esta manera terminará provocando catástrofes, ruinas, enfermedades e incendios, tanto a nivel figurado como real. Los frutos negativos de su *no pensar* o su *irreflexión* le harán, por fin, tomar conciencia de que debe cambiar de actitud y no actuar a lo loco. A nivel simbólico, estos frutos negativos pueden manifestarse en la quema y ruina de todo lo que está en su medioambiente: amistades, negocios, familia, etc.

Te protegerá principalmente contra la irreflexión y las decisiones erróneas

Reiyel

(Dios dispuesto a socorrer)

Ángel nº 29

Jerarquía: Dominaciones, n.º 5

Esencia: Liberación

Fecha aproximada de regencia y domicilio zodiacal:

del 14 al 18 de agosto (exactamente del 20º al 25º de Leo)

Rotación de cada Ángel grado a grado:

- el 19 de abril (28º a 29º de Aries)
- el 3 de julio (10º a 11º de Cáncer)
- el 16 de septiembre (22º a 23º de Virgo)
- el 27 de noviembre (4º a 5º de Sagitario)
- el 6 de febrero (16º a 17º de Acuario)

Rotación diaria de cada Ángel cada 20 minutos:

- desde las 9,20 a las 9,40 horas después de la hora de salida del sol.

Enseñanzas y virtudes que proporciona:

Liberación de los enemigos, tanto los visibles como los invisibles; sentimientos espirituales; sabiduría por la meditación; celo en la propagación de la verdad, oralmente y por escrito; capacidad para destruir la impiedad, los encantos y sortilegios.

La esencia *Liberación* nos libera de ataduras y atascos del pasado para llevarnos a un mundo más espiritual y elevado. Es decir, se eleva el nivel de nuestra conciencia, lo cual hace que nos liberemos de todo lo que, hasta ese momento, constituía nuestro placer y empecemos a vivir otros placeres más elevados y sutiles. En una palabra, nos hace independientes de todo lo material.

El ángel contrario será enemigo de la religión, entendida ésta como la unión de los hombres con Dios. Intentará infundir, por tanto, entre los individuos una idea falsa de Dios, incluso propugnará su inexistencia, y hará que la persona sensible a sus influjos se convierta en ateo, llegando incluso al fanatismo, que es una verdad falsa que necesita imponerse a toda costa. La influencia del ángel negativo impondrá la idea de que no existe orden ni concierto, que la religión no es buena y que el único orden es el imperio de los deseos, que el individuo tiende a sacralizar. Esta forma de actuar puede traer a la persona graves consecuencias, ya que se basa en la destrucción de lo verdadero y propagación de lo falso, lo cual puede llevar a la destrucción del individuo.

Ángel. Pietro de Benedetto dei Franceschi

Omael

(Dios paciente)

Ángel nº 30

Jerarquía: Dominaciones, n.º 6

Esencia: Multiplicación

Fecha aproximada de regencia y domicilio zodiacal:

- del 19 al 23 de agosto (exactamente del 25º al 30º de Leo)

Rotación de cada Ángel grado a grado:

- el 20 de abril (29º a 30º de Aries)
- el 4 de julio (11º a 12º de Cáncer)
- el 17 de septiembre (23º a 24º de Virgo)
- el 28 de noviembre (5º a 6º de Sagitario)
- el 7 de febrero (17º a 18º de Acuario)

Rotación diaria de cada Ángel cada 20 minutos:

- desde las 9,40 a las 10 horas después de la hora de salida del sol.

Enseñanzas y virtudes que proporciona:

Paciencia; consuelo para las penas y la desesperanza; amor por los animales y éxito en su curación, fecundidad en las parejas; triunfo en profesiones de médico, químico o cirujano; cosechas abundantes; protección contra la tentación de oponerse a la propagación de los seres.

La esencia *Multiplicación* nos enseñará las abundantes cosechas que se pueden obtener a partir de una simple semilla. Esta abundancia, no solamente se refiere a las cosechas materiales que nos proporcionan alimento y agradan nuestra vista, sino también a las espirituales, a los sentimientos, los pensamientos, las ideas, los hijos, las empresas… Todo aquello que emprendamos será expandido a los cuatro vientos. La esencia nos proporciona el valor de la abundancia, la cual debemos administrar con inteligencia y prudencia en nuestra vida cotidiana. Entenderemos que la abundancia se encuentra en todo lo que nos rodea y daremos gracias por esta gran bendición de la Naturaleza.

El ángel contrario estará en contra de la vida en todas sus manifestaciones. Si el ángel de arriba se ocupaba de la multiplicación de los seres, el del abismo hará todo lo contrario y estará a favor de todo aquello que vaya en contra de la vida con el fin de que haya los menos seres posibles en el mundo. Defenderá el aborto y el sacrificio de animales. Una vez convencido de las ideas del Omael de abajo, el individuo las defenderá a ultranza, y hará de ellas su particular cruzada, propagándolas a los cuatro vientos mediante sus discursos y sus escritos. Hasta que, al igual que San Pablo, se caiga del caballo y vea la verdadera Luz. Entonces deberá enmendar todo aquello que destrozó. Toda la vida que ayudó a quitar, tendrá ahora que darla, lo cual le puede llevar muchas encarnaciones, pues tendrá que volver a restablecer el equilibrio de aquellos seres que privó de evolución.

Omael traerá abundantes cosechas a tu vida. Te dará consuelo y esperanza

Te protegerá principalmente contra la tentación de oponerte a la propagación

Hecabel

(Dios que inspira)

Ángel n° 31

Jerarquía: Dominaciones, n.º 7

Esencia: Talento Resolutivo

Fecha aproximada de regencia y domicilio zodiacal:

- del 24 al 28 de agosto (exactamente de 0º a 5º de Virgo)

Rotación de cada Ángel grado a grado:

- el 21 de abril (0º a 1º de Tauro)
- el 5 de julio (12º a 13º de Cáncer)
- el 18 de septiembre (24º a 25 de Virgo)
- el 29 de noviembre (6 a 7 de Sagitario)
- el 8 de febrero (18º a 19º de Acuario)

Rotación diaria de cada Ángel cada 20 minutos:

- desde las 10 a las 10,20 horas después de la hora de salida del sol.

Enseñanzas y virtudes que proporciona:

El dominio sobre la vegetación y la agricultura; abundantes cosechas; gusto por la astronomía, las matemáticas y la geometría; ideas luminosas y resolución de los problemas difíciles que se plantean en la vida; ser un orador de talento; protección contra los avariciosos, los usureros y la tentación de enriquecerse por medios ilícitos.

La esencia *Talento Resolutivo* nos ayudará a solucionar de forma práctica cualquier problema que se nos plantee: enfermedades, negocios, finanzas, pareja. Todo, absolutamente todo, por difícil que parezca, tendrá fácil solución al interiorizar la esencia de Lecabel.

El ángel contrario enseñará a los avariciosos, los usureros y los que desean enriquecerse por medios ilícitos cómo conseguir lo que desean. El individuo que siga esta enseñanza se verá envuelto en negocios sucios que le proporcionarán ganancias rápidas y sustanciosas. Se aferrará a sus posesiones y no querrá desprenderse de ellas cuando por ley natural deba hacerlo. Pero algún día se quedará sin nada, ya que la fuerza de repulsión, que rige en los mundos del abismo, terminará por disolverlo todo. Es decir, todo lo que consiga por medio de empresas ilícitas o delictivas no conseguirá hacerlo feliz. Entonces, arrepentido, volverá a realizar aquello que sí lo conseguirá, y es trabajar en armonía con las fuerzas positivas de Lecabel.

Vasariah

(Dios justo)

Ángel nº 32

Jerarquía: Dominaciones, n.º 8

Esencia: Justicia Clemente

Fecha aproximada de regencia y domicilio zodiacal:

- del 29 de agosto al 2 de septiembre (exactamente de 5º a 10º de Virgo)

Rotación de cada Ángel grado a grado:

- el 22 de abril (1º a 2º de Tauro)
- el 6 de julio (13º a 14º de Cáncer)
- el 19 de septiembre (25º a 26º de Virgo)
- el 30 de noviembre (7º a 8º de Sagitario)
- el 9 de febrero (19 a 20 de Acuario)

Rotación diaria de cada Ángel cada 20 minutos:

- desde las 10,20 a las 10,40 horas después de la hora de salida del sol.

Enseñanzas y virtudes que proporciona:

Ser un buen abogado o un juez justo; buena memoria y fluidez de vocabulario, amabilidad, espiritualidad y modestia; relaciones con la justicia y la nobleza; socorro contra los que nos atacan en justicia; ayuda contra ladrones y delincuentes.

La esencia *Justicia Clemente* nos dará la herramienta necesaria para juzgar aplicando la clemencia, que es la verdadera justicia. La justicia debe buscar siempre el arrepentimiento de la persona que juzga, no la venganza, que muchas veces se esconde en dicha palabra y cuya ejecución procede más bien del ángel del abismo. La justicia de Vasariah es, pues, una justicia que aplicará, además, el perdón cuando lo crea necesario y buscará el arrepentimiento, pero advirtiendo para que no se vuelvan a cometer las mismas faltas.

El ángel contrario dará las malas cualidades del cuerpo y del alma. Las malas cualidades del cuerpo se manifestarán en forma de enfermedades y malformaciones físicas; y las del alma harán que el individuo trabaje con las cualidades contrarias a las que manifiesta Vasariah, es decir, será un juez injusto y vengativo, será materialista y nada modesto; sus relaciones serán con gente de baja ralea, y los ladrones y delincuentes saldarán sus cuentas con libertad con el individuo. Esto, por supuesto, ha de llevarle en algún momento a desear trabajar con las cualidades positivas del ángel y, entonces, empezará a cambiar su panorama, pero antes, como hemos dicho en más de una ocasión, tendrá que liquidar el karma que ha ido generando.

Vasariah te proporciona buena memoria y fluidez de vocabulario, así como capacidad para ser un buen abogado

Te protegerá principalmente contra todo tipo de ladrones y delincuentes

Iehuiah

(Dios que conoce todas las cosas)

Ángel n° 33

Jerarquía: Potencias, n.º 1

Esencia: Subordinación

Fecha aproximada de regencia y domicilio zodiacal:

- del 3 al 8 de sep. (10º a 15º de Virgo exactamente)

Rotación de cada Ángel grado a grado:

- el 23 de abril (de 2 a 3 de Tauro
- el 7 de julio (14º a 15 de Cáncer)
- el 20 de septiembre (26º a 27º de Virgo)
- el 1 de diciembre (8º a 9º de Sagitario)
- el 10 de febrero (20 a 21 de Acuario)

Rotación diaria de cada Ángel cada 20 minutos:

- desde las 10,40 a las 11 horas después de la hora de salida del sol.

Enseñanzas y virtudes que proporciona:

Éxito en los exámenes; permite ver el pasado, presente y futuro de todas las cosas; distinguir y anular el proyecto de sus enemigos y traidores; transformar la enemistad en amistad; ser subordinado en el trabajo y en la vida social y cumplir con todos los deberes de su condición; protección contra la tentación de rebelarse y combatir los poderes legítimos; fuerza para cumplir con las obligaciones; resolución de problemas difíciles.

La esencia *Subordinación* nos permitirá reconocer cual es nuestro lugar en nuestro ambiente social y nuestro trabajo y mantenernos en todo momento fieles a lo superior, porque esta forma de comportarnos nos permitirá guardar fidelidad a nuestro Yo Superior, a las ideas y pensamientos que nos llegan de nuestra parte más elevada. Nos permitirá discernir entre lo superior y lo inferior. Esta esencia nos informará así mismo de que no debemos ambicionar aquellos puestos que no nos corresponden, pues la vida misma se encargará de ponernos, tarde o temprano, en nuestro sitio.

El ángel contrario incita a la insubordinación, la sedición y la traición, exactamente los valores invertidos de Iehuiah. Ser subordinado, en este sentido, es ser fiel a los valores legítimos, es decir, a los que se desprenden de nuestro Yo Superior. Si somos insubordinados y nos rebelamos contra nuestras tendencias legítimas, esta forma de comportarnos se exteriorizará y nos encontraremos traicionando a los que ocupan de forma legal un cargo o rango social en el mundo exterior. Si conseguimos quitarles ese rango y lo ocupamos nosotros, estaremos trabajando al revés de cómo debemos hacerlo. Por lo cual, aunque lo consigamos, será un puesto que no nos corresponde y, tarde o temprano, tendremos que devolvérselo a su verdadero propietario, pagando las consecuencias negativas, claro está, que generaron nuestros actos para conseguir dicho puesto.

Iehuiah te proporciona subordinación para distinguir cual debe ser tu lugar en tu ambiente social.

Te protegerá principalmente contra la tentación de rebelarte y combatir los poderes legítimos

Lehahiah

(Dios clemente)

Ángel n.º 34

Jerarquía: Potencias, n.º 2

Esencia: Obediencia

Fecha aproximada de regencia y domicilio zodiacal:

- del 9 al 13 de septiembre aprox. (exactamente de 15º a 20º de Virgo)

Rotación de cada Ángel grado a grado:

- el 24 de abril (3º a 4º de Tauro)
- el 8 de julio (15º a 16º de Cáncer)
- el 21 de septiembre (27º a 28º de Virgo)
- el 2 de diciembre (9º a 10º de Sagitario)
- el 11 de febrero (21º a 22º de Acuario)

Rotación diaria de cada Ángel cada 20 minutos:

- desde las 11 a las 11,20 horas después de la hora de salida del sol.

Enseñanzas y virtudes que proporciona:

Aplacar la cólera propia y de los demás, paz y armonía, buenos resultados en las peticiones a las altas jerarquías: ministros, reyes, directores; la comprensión de las leyes divinas; resistencia ante los vendavales y tormentas. Protege contra la declaración de guerras.

La esencia *Obediencia* hará que seamos obedientes y sumisos ante todo lo superior. Puede ser que muchas veces no entendamos por qué hemos de ser obedientes a tal o cual persona sólo porque esté en un rango más elevado, pero el mero hecho de serlo nos traerá algún día la comprensión. Así mismo, ser obediente a lo superior significa que acatamos las órdenes que dicta nuestro Yo Superior, aunque nuestros sentimientos no lo entiendan y quieran rebelarse.

El ángel contrario traerá, la discordia, la pelea y la ruina, haciendo que, con el tiempo, aprendamos a apreciar los valores contrarios, que son los del ángel Lehahiah de arriba. Si aprendemos por la vía negativa, nos veremos envueltos en peleas o las estaremos provocando. En lugar de aplacar la cólera propia y de los demás, no podremos hacerlo, y el resultado será que estallaremos en cólera, provocando a su vez la de los demás, lo que nos llevará a peleas, disputas o, en sentido más grave, a la guerra, contra nuestros semejantes. Esta forma errónea de comportarnos, tarde o temprano, hará que suframos las consecuencias de nuestras actuaciones y, al no poder aguantarlas, decidiremos cambiar y comportarnos de acuerdo con la energía positiva del ángel.

Lehahiah te ayuda a aplacar la cólera propia y la de los demás para crear un ambiente de paz y armonía

Te protegerá principalmente contra las guerras y contra las que las declaran

Chavakiah

(Dios que da la alegría)

Ángel nº 35

Jerarquía: Potencias, n.º 3

Esencia: Reconciliación

Fecha aproximada de regencia y domicilio zodiacal:

- del 14 al 18 de septiembre (exactamente de 20º a 25º de Virgo)

Rotación de cada Ángel grado a grado:

- el 25 de abril (4º a 5º de Tauro)
- el 9 de julio (16 a 17º de Cáncer)
- el 22 de septiembre (28º a 29º de Virgo)
- el 3 de diciembre (10º a 11º de Sagitario)
- el 12 de febrero (de 22º a 23 de Acuario)

Rotación diaria de cada Ángel cada 20 minutos:

- desde las 11,20 a las 11,40 horas después de la hora de salida del sol.

Enseñanzas y virtudes que proporciona:

Reconciliación con los que uno ha ofendido; vivir en paz con todo el mundo; favorece la relación y la comprensión entre padres e hijos; buen reparto de la herencia entre los miembros de la familia; creación de ambientes de armonía y paz, tanto entre individuos como en pueblos, ciudades o naciones; evitar la tentación de provocar discusiones y discordia.

La esencia *Reconciliación* nos permitirá reconciliarnos con aquello con lo que habíamos roto: hermanos, amigos, ideas, sentimientos… Hará que volvamos a retomar todo proyecto que dejamos «abandonado» para volver a crearlo con renovadas energías.

El ángel contrario causará la discordia, desarmonía y los acuerdos injustos y ruinosos. Esto nos ocurrirá cuando no tengamos en cuenta las energías procedentes del ángel de arriba, que hará que aquellos amigos, ideas, sentimientos, etc. del pasado se integren armoniosamente en nuestros proyectos presentes. Si los rechazamos por creer que ya no está en nuestro orden de cosas a realizar o por pensar que ya no nos valen, entonces aparecerá el caos, la discordia, las discusiones, y nuestro pasado aparecerá (según nuestra percepción) como una mosca cojonera para hacernos sentir mal. Esto, por supuesto, terminará cuando entendamos que no hay que dejar de lado el pasado, y cuando aparece, ya sea en forma de hermanos, amigos, ideas…, es que hemos de integrarlos armoniosamente en nuestros planes de vida presente.

Chavakiah te ayuda a reconciliarte con todos, principalmente con aquellos que has podido ofender

Te protegerá principalmente contra las discusiones y la discordia.

Menadel

(Dios adorable)

Ángel nº 36

Jerarquía: Potencias, n.º 4

Esencia: Trabajo

Fecha aproximada de regencia y domicilio zodiacal:

- del 19 al 23 de septiembre (de 25 a 30º de Virgo)

Rotación de cada Ángel grado a grado:

- el 26 de abril (5º a 6º de Tauro)
- el 10 de julio (17 a 18º de Cáncer)
- el 23 de septiembre (29º a 30º de Virgo)
- el 4 de diciembre (11º a 12º de Sagitario)
- el 13 de febrero (de 23º a 24º de Acuario)

Rotación diaria de cada Ángel cada 20 minutos:

- desde las 11,40 a las 12 horas después de la hora de salida del sol.

Enseñanzas y virtudes que proporciona:

Conservar el empleo y los medios de existencia de que se dispone; liberación de hábitos viciosos; hacer salir a los presos de prisión y que los exiliados vuelvan a su patria; tener noticias de aquellos que se han alejado de nosotros y no sabemos nada desde hace tiempo;

protección contra la calumnia y los calumniadores; ayuda a saber el tiempo exacto de recolección de las plantas medicinales.

La esencia *Trabajo* nos llevará a realizar el trabajo que nuestro Yo Superior ha decidido hacer en el plano físico, sin la cual nos dedicaríamos a *la dolce vita* y no podríamos avanzar en nuestra evolución. El trabajo diario es necesario para ofrecer experiencias a nuestro Yo Superior, si no, serviría de muy poco nuestra encarnación. Si hacemos bien nuestro trabajo físico, algún día nos liberaremos de él para realizar un trabajo más espiritual, más sutil; por decirlo de alguna manera: más fino.

El ángel contrario protege a los que escapan de la justicia y huyen al extranjero. En este sentido, podríamos decir que, el ángel del abismo ejerce su protección sobre los que deciden no hacer el trabajo de su Yo Superior y escapan del ámbito de su realización. Éstos tendrán que aprender en ambientes que no son para él naturales, como el extranjero, las prisiones… O caerán bajo el dominio de hábitos viciosos. Cuando entiendan que no están actuando correctamente y decidan enmendarse, entonces actuará el ángel de arriba y hará que vuelvan los que estén exiliados y salgan de las prisiones los que hayan sido encarcelados. Así mismo, en sentido simbólico, dejarán los hábitos viciosos los que estén bajo su dominio.

Menadel te proporciona la claves para conservar el empleo y los medios de existencia

Te protegerá principalmente contra la calumnia y los calumniadores

Aniel

(Dios de las virtudes)

Ángel nº 37

Jerarquía: Potencias, n.º 5

Esencia: Liberación, Romper el Cerco

Fecha aproximada de regencia y domicilio zodiacal:

- del 24 al 28 de septiembre (exactamente de 0º a 5º de Libra)

Rotación de cada Ángel grado a grado:

- el 7 de abril (6º a 7º de Tauro)
- el 11 de julio (18 a 19º de Cáncer)
- el 24 de septiembre (0º a 1º de Libra)
- el 5 de diciembre (12º a 13º de Sagitario)
- el 14 de febrero (de 24º a 25º de Acuario)

Rotación diaria de cada Ángel cada 20 minutos:

- desde las 12 a las 12,20 horas después de la hora de salida del sol.

Enseñanzas y virtudes que proporciona:

La victoria, cuando estamos bloqueados y acosados por las circunstancias; Inspiración y talento en las ciencias y las artes y en el estudio de las leyes del Universo; revelación de los secretos de la Naturaleza; protección de charlatanes y embaucadores.

La esencia *Liberación, Romper el Cerco* nos permitirá romper con aquellas ideas o estados caducos que ya no nos aportan nada y lo único que hacen es bloquearnos. Al hacer esto, ya podremos trabajar con las nuevas ideas, las que proceden de nuestro Yo Superior, que son las que nos sacarán de nuestro estado paralizante y sin interés en el que nos encontramos y nos permitirán seguir hacia adelante, ayudándonos a encontrar una nueva ilusión, un nuevo camino en nuestras vidas.

El ángel contrario, ante todo, se basa en todo aquello que se encuentra cristalizado y ya no tiene interés para la propia evolución. Dominará sobre todos aquellos que se abracen como un clavo ardiendo a ideas, sentimientos y todo lo establecido y que pertenece al pasado ya caduco, y piensan que no debe ser modificado. En este sentido, se opondrán a los que traen nueva savia del mundo espiritual y pueden hacer que el mundo material mejore día a día. Para conseguir sus propósitos, recurrirán al engaño (aunque los primeros engañados serán ellos mismos) y pervertirán el orden natural. Seguirán actuando así hasta que entiendan que todo está en constante evolución y lo que hoy nos parece lo mejor, puede ser superado en el futuro.

Aniel te proporciona la victoria y te da fuerza para romper con ideas caducas

Te protegerá principalmente contra charlatanes y embaucadores

Laamiah

(Dios, la esperanza de todos los hijos de la Tierra)

Ángel n° 38

Jerarquía: Potencias, n.º 6

Esencia: Sentido Ritual y Ceremonial

Fecha aproximada de regencia y domicilio zodiacal:

- del 29 de septiembre al 3 de octubre (exactamente del 5º a 10 de Libra)

Rotación de cada Ángel grado a grado:

- el 28 de abril (7º a 8º de Tauro)
- el 12 de julio (19º a 20 de Cáncer)
- el 25 de septiembre (1º a 2º de Libra)
- el 6 de diciembre (13º a 14º de Sagitario)
- el 14 de febrero (25º a 26º de Acuario)

Rotación diaria de cada Ángel cada 20 minutos:

- desde las 12,20 a las 12,40 horas después de la hora de salida del sol.

Enseñanzas y virtudes que proporciona:

Adquisición de todos los poderes del Cielo y de la Tierra; protección contra el rayo, las armas, los animales feroces y los espíritus primitivos, ignorantes e infernales; comprensión de los rituales y los cultos religiosos; hace que encuentren el camino los que han perdido el sentido de la vida; protección a los buscadores de la verdad.

La esencia *Sentido Ritual y Ceremonial* nos ayudará a entender verdades profundas mediante las repeticiones rituales y ceremoniales. Es decir, el ritual sirve para entender un comportamiento que debemos aplicar a nuestra vida cotidiana, y más aún: debe interiorizarse y hacerse una norma de vida en nuestro interior. Por ejemplo: tomar el pan y el vino significa que nuestra dinámica debe ir encaminada a interiorizar el principio crístico: observar y practicar lo que nos enseñó para llegar a adquirir algún día su forma de ser, es decir, llegar a imitarle todo lo que podamos hasta llegar a ser como él. De nada nos serviría estar practicando todos los días este ritual si nuestro comportamiento sigue siendo el mismo, si no nos sirve para entender que hemos de comportarnos de una manera más elevada.

Haamiah te proporciona los medios para que adquieras todos los tesoros del cielo y de la tierra

El ángel contrario hará que aprendamos con los valores opuestos, convirtiéndonos en mentirosos y ateos y combatiendo toda clase de principios religiosos. La ignorancia es muy atrevida, y aquí el individuo aprenderá a ser un completo ignorante, pues proclamará lo contrario que persigue su Yo Superior. Este comportamiento llegará hasta límites extremos, y, cuando la mentira y el error sean muy evidentes, no tendrá más remedio que reconocerlo y dirigirse hacia lo contrario, es decir, a creer y practicar los valores del ángel de arriba.

Te protegerá principalmente en la búsqueda de la verdad

Rehael

(Dios que recibe a los pecadores)

Ángel nº 39

Jerarquía: Potencias, n.º 7

Esencia: Sumisión Filial

Fecha aproximada de regencia y domicilio zodiacal:

- del 4 al 8 de octubre (exactamente de 10º a 15º de Libra)

Rotación de cada Ángel grado a grado:

- El 29 de abril (8º a 9º de Tauro)
- el 13 de julio (20º a 21º de Cáncer)
- el 26 de septiembre (2º a 3º de Libra)
- el 7 de diciembre (14º a 15º de Sagitario)
- el 15 de febrero (26º a 27 de Acuario)

Rotación diaria de cada Ángel cada 20 minutos:

- desde las 12,40 a las 13 horas después de la hora de salida del sol.

Enseñanzas y virtudes que proporciona:

Curación de enfermedades y misericordia de Dios, longevidad; amor paternal y filial; obediencia y respeto de los hijos hacia los padres, conservar la salud; amor hacia los niños; protege contra los impulsos crueles y las disputas entre padres e hijos.

La esencia *Sumisión Filial* nos ayudará a ser subordinados a lo superior que hay en nosotros que, como hemos dicho en otras ocasiones, se trata de la parte más elevada que tenemos. En este sentido, se refiere a nuestro Yo Superior y, por extensión, a todo aquello que puede representarlo en el mundo exterior, como puede ser nuestro padre físico. Se trata aquí de obedecer a nuestro Yo Superior y ejecutar sus designios. Esta dinámica se verá reflejada en el mundo exterior en el amor y la obediencia al padre físico. Así mismo, el padre adorará al hijo.

El ángel contrario incitará a desobedecer los designios del Yo Superior e incluso a destruirlos. Esta dinámica es muy peligrosa, ya que si se exterioriza, empujará al hijo a odiar al padre y querer deshacerse de él, dará lugar a toda clase de peleas entre padres e hijos y, en casos extremos, a los infanticidios y parricidios. Esta influencia terminará cuando el individuo llegue a un extremo y entienda que la obediencia al padre es una ley cósmica que va más allá de la mera dinámica caprichosa y es para su propio bien.

La visión de San Juan. Alonso Cano.

Ieiazel

(Dios que reúne)

Ángel nº 40

Jerarquía: Potencias, n.º 8

Esencia: Consuelo o Regocijo

Fecha aproximada de regencia y domicilio zodiacal:

- del 9 al 13 de octubre (exactamente de 15º a 20 de Libra)

Rotación de cada Ángel grado a grado:

- el 30 de abril (9º a 10º de Tauro)
- el 14 de julio (21º a 22º de Cáncer)
- el 27 de septiembre (3º a 4º de Libra)
- el 8 de diciembre (15º a 16º de Sagitario)
- el 16 de febrero (27º a 28 de Acuario)

Rotación diaria de cada Ángel cada 20 minutos:

- desde las 13 a las 13, 20 horas después de la hora de salida del sol.

Enseñanzas y virtudes que proporciona:

Liberar a los prisioneros de las cárceles; ser liberado de los enemigos; consolaciones; gusto por la imprenta y la librería; ayuda a los hombres de letras y a los artistas; inspiración para ser un buen escritor y ver editadas sus obras; protección contra la depresión, los pensamientos sombríos y el desinterés por todo.

La esencia *Consuelo o Regocijo* nos dará ánimos y nos devolverá la alegría perdida después de haber pasado una dura etapa. Nos dará la energía necesaria para empezar de nuevo tras una etapa difícil y kármica. Será la esencia que nos consolará y reajustará nuestras vidas para empezar de nuevo a construir con las premisas de nuestro Yo Superior.

El ángel contrario hará que nos sintamos deprimidos y que volvamos una y otra vez a pensar en lo mal que lo pasamos en el pasado en lugar de construir un buen futuro. Esta forma de actuar nos llevará a caer en depresión y a abandonar nuestras tareas sociales, hecho que producirá más depresión y que no contribuirá para nada a nuestra mejora, produciendo a la larga una merma en nuestra alma, es decir, las malas cualidades del cuerpo pasarán al alma, donde serán más difíciles de erradicar. Esta dinámica negativa llegará a su fin cuando estemos dispuestos a abandonar nuestra forma de comportarnos y queramos reajustar nuestras vidas de acuerdo con el orden cósmico. Entonces seremos liberados de los enemigos (nuestros malos pensamientos y sentimientos) y saldremos de su cárcel para orientar nuestras vidas de acuerdo con el guión de nuestro Yo Superior, recibiendo consuelo y recuperando la alegría.

leiazel te proporciona consuelo para recuperar la alegría y los ánimos perdidos

Te protegerá principalmente contra la depresión y los pensamientos sombríos

Rahahel

(Dios en tres personas)

Ángel nº 41

Jerarquía: Virtudes, n.º 1

Esencia: Sacerdocio

Fecha aproximada de regencia y domicilio zodiacal:

- del 14 al 18 de octubre (exactamente de 20 a 25 de Libra)

Rotación de cada Ángel grado a grado:

- el 1 de mayo (10º a 11º de Tauro)
- el 15 de julio (22º a 23º de Cáncer)
- el 28 de septiembre (4º a 5º de Libra)
- el 9 de diciembre (16 a 17º de Sagitario)
- el 17 de febrero (28º a 29 de Acuario)

Rotación diaria de cada Ángel cada 20 minutos:

- desde las 13,20 a las 13,40 horas después de la hora de salida del sol.

Enseñanzas y virtudes que proporciona:

Fe en el Mundo Espiritual y en la Divinidad; Inspiración para los discursos religiosos; protege a los misioneros y a los hombres que llevan el mensaje de Dios; energía para dedicarse al sacerdocio o al servicio de Dios, influye sobre las almas piadosas; grandeza de alma, poder de persuasión.

La esencia *Sacerdocio* nos invitará a dar gracias a Dios, levantar los ojos al cielo y comunicarnos con Él para que nos envíe la energía e inspiración para nuestra conducta diaria. Nos hará ser auténticos sacerdotes de Dios, no necesariamente pertenecientes a una religión, sino a la religión de todos, aquella que hará que, desde el sitio que ocupemos en la sociedad, ejerzamos de verdaderos ministros Divinos, que conducen a los demás al Dios universal, al Dios del Amor.

El ángel contrario nos llevará a la apostasía, dando crédito a impulsos que nos lleven a renegar de la Divinidad y de todo lo espiritual. No nos importará si los creyentes o sacerdotes hacen el bien a la Humanidad, salvan vidas, disminuyen el hambre en el mundo. Por el mero hecho de ser creyentes, los combatiremos sin cesar. Nos convertiremos en lo contrario de lo que son ellos, hasta que esta mala actuación por nuestra parte llegue a tales extremos, que nos demos cuenta de que los verdaderos sacerdotes de Dios no hacen ningún mal y que nuestra conducta ha sido completamente errónea. Será entonces cuando nuestra actitud cambie y nos convirtamos en lo que son ellos. Nos caeremos del caballo, como San Pablo en su viaje hacia Damasco.

Mikael

(Virtud de Dios, casa de Dios, parecido a Dios)

Ángel nº 42

Jerarquía: Virtudes, n.º 2

Esencia: Orden Político

Fecha aproximada de regencia y domicilio zodiacal:

- del 19 al 23 de octubre (exactamente de 25 a 30º de Libra)

Rotación de cada Ángel grado a grado:

- el 2 de mayo (11º a 12º de Tauro)
- el 16 de julio (23º a 24º de Cáncer)
- el 29 de septiembre (5º a 6º de Libra)
- el 10 de diciembre (17 a 18º de Sagitario)
- el 18 de febrero (29º a 30º de Acuario)

Rotación diaria de cada Ángel cada 20 minutos:

- desde las 13,40 a las 14 horas después de la hora de salida del sol.

Enseñanzas y virtudes que proporciona:

Viajar con seguridad; suerte en la política con los reyes, los príncipes y los nobles; autoridad; diplomacia; buenos presentimientos e intuiciones; descubrimiento de los traidores antes de su actuación; curiosidad en los asuntos de estado, los gabinetes y las noticias del extranjero.

La esencia *Orden Político* nos permitirá instaurar en la Tierra el orden que ya rige en el Cielo, hacer que las leyes humanas sean un reflejo de las Divinas. Ya hemos dicho en alguna ocasión que el orden Divino es jerárquico, aunque no como la jerarquía que entendemos en la Tierra. Allí el que ocupa un puesto superior vela por el que está en un puesto inferior. Es decir, los puestos superiores se ocupan en función de lo evolucionado del ser que debe ocuparlo (véase el ejemplo en nuestro capítulo sobre las Jerarquías Divinas). Instaurar este orden jerárquico parece cosa del pasado y de las monarquías absolutas, pero no se trata aquí de eso, ya que las monarquías absolutas invirtieron el orden natural y pusieron en los puestos elevados a quienes no estaban preparados evolutivamente para ellos. Aquí hablamos del verdadero orden jerárquico, y ese es el que debe buscar el influenciado por la esencia de Mikael, aunque en la actualidad es un poco difícil ya que las democracias parecen ser el verdadero orden político, y no se ve que gobiernen los que están preparados, sino los que más influencia tienen o mejor saben convencer al pueblo. Mientras la Humanidad evoluciona hacia el verdadero Orden Divino, el individuo influenciado por la esencia de Mikael debe hacer lo posible porque se cumpla la premisa de que el que deba ocupar un puesto en la política sea aquel que evolutivamente se lo merezca. Antes, por supuesto, ha de ser un verdadero ejemplo de orden él mismo y establecerlo en su interior, dejando que cada órgano haga lo que debe hacer: que la mente gobierne sobre los sentimientos y se cumpla en su interior el principio de jerarquía, donde cada tendencia e impulso interno debe ocupar su puesto.

Mikael te proporciona orden y suerte para instaurar en tu ambiente social el orden que rige en los Cielos

Te protegerá principalmente contra los traidores

El ángel contrario hará que se trabaje con la energía contraria a los valores del ángel de arriba. Es decir, traicionará al sistema de gobierno legítimo, aquel en que los gobernantes deben ocupar los puestos por su rango evolutivo y no porque alguien lo designe aunque no se lo merezca (evolutivamente hablando), y hará que los gobernantes sean cualquiera que tenga poder o influencias, con las consecuencias por todos conocidas, ya que actualmente éstas, desgraciadamente, son las formas de gobierno en el mundo.

Ángel. Alessandro di Mariano di Vanni Filipep.

Ángel en el Sol. Turner.

Veuliah

(Rey dominante)

Ángel nº 43

Jerarquía: Virtudes, n.º 3

Esencia: Prosperidad

Fecha aproximada de regencia y domicilio zodiacal:

- del 24 al 28 de octubre (exactamente de 0º a 5º de Escorpio)

Rotación de cada Ángel grado a grado:

- el 3 de mayo (12º a 13º de Tauro)
- el 17 de julio (24º a 25º de Cáncer)
- el 30 de septiembre (6º a 7º de Libra)
- el 11 de diciembre (18 a 19º de Sagitario)
- el 19 de febrero (0º a 1º de Piscis)

Rotación diaria de cada Ángel cada 20 minutos:

- desde las 14 a las 14, 20 horas después de la hora de salida del sol.

Enseñanzas y virtudes que proporciona:

Descubrir y destruir el plan malvado que los enemigos traman contra uno; liberación de la esclavitud, de los hábitos y de las dependencias; prosperidad de nuestras empresas; paz y armonía en la sociedad; fortalecimiento de aquello que se tambalea en nuestras vidas, distinciones y triunfo en la carrera militar; confección de talismanes de protección contra los enemigos; el arte de sanar heridas mediante la magia cabalística.

La esencia *Prosperidad* nos permitirá hacer un alto en nuestro camino y disfrutar por un tiempo del paraíso en la tierra, ya que nos situará en un medioambiente en el que todo se nos dará con abundancia sin necesidad de esforzarnos para conseguirlo. Cuando hablamos de la esencia del ángel, nos estamos refiriendo a la esencia pura, es decir, cuando el individuo ha hecho todos los trabajos anteriores más o menos bien y ha salido con nota. De no ser así, se formarán malos aspectos planetarios sobre su carta astral en los puntos regidos por Veuliah y, por consiguiente, la estancia en la tierra no será tan placentera.

El ángel contrario en lugar de crear empresas prósperas, se empleará en destruirlas. Será asimismo el que aliente la discordia y las revoluciones y destruirá los gobiernos legítimos. Cuando la energía de Veuliah nos llega a través del ángel contrario, nuestra lucha será también de orden contraria: lucharemos por una causa material y no dudaremos en echar abajo gobiernos legítimos con tal de conseguir nuestros objetivos materiales. En primer lugar, el gobierno legítimo es el de nuestro Yo Superior. Y éste es el que debe gobernar en nuestros pensamientos y sentimientos; si no es así, nos pasaremos la vida librando inútiles batallas y, en casos extremos, derramando mucha sangre y dolor a nuestro alrededor. Esta dinámica proseguirá hasta que, dándonos cuenta del horror que hemos sido capaces de causar, veamos en nuestro enemigo a nuestro hermano y empecemos a cambiar buscando aquello que promueve el ángel de arriba.

Veuliah te proporciona prosperidad en todas tus empresas, paz y armonía

Te protegerá principalmente contra los enemigos

Ielahiah

(Dios eterno)

Ángel nº 44

Jerarquía: Virtudes, n.º 4

Esencia: Talento Militar

Fecha aproximada de regencia y domicilio zodiacal:

- del 29 de octubre al 2 de noviembre (exactamente de 5º a 10º de Escorpio)

Rotación de cada Ángel grado a grado:

- el 4 de mayo (13º a 14º de Tauro)
- el 18 de julio (25º a 26º de Cáncer)
- el 1 de octubre (7º a 8º de Libra)
- el 12 de diciembre (19 a 20º de Sagitario)
- el 20 de febrero (1º a 2º de Piscis)

Rotación diaria de cada Ángel cada 20 minutos:

- desde las 14,20 a las 14,40 horas después de la hora de salida del sol.

Enseñanzas y virtudes que proporciona:

Protección de los magistrados para conseguir un veredicto favorable; protección contra las armas, atentados, ladrones y delincuentes; concesión de la victoria; empresas exitosas; celebridad por sus hazañas por su talento; protección contra los impulsos violentos.

La esencia *Talento Militar* nos permitirá vencer en las batallas de la gran guerra de nuestra vida. Esta gran guerra no es otra que la lucha contra todo lo que hicimos mal en otras vidas, restituyendo a los demás aquello que les quitamos, lo mismo en objetos materiales que en ideas, sentimientos, etc. El talento militar hemos de emplearlo en este sentido y no en ningún otro. Esta esencia nos permitirá ordenar aquello que antes hemos desordenado. En la medida que lo consigamos, iremos ganando las batallas.

El ángel contrario, en lugar de buscar la restitución a nuestros semejantes de aquello que les falta (y de lo cual somos responsables), volveremos a quitárselo y le *haremos la guerra* o nos comportaremos con él de forma violenta. En lugar de enderezar lo que en el pasado nos salió torcido, lo volvemos a torcer aún más, haciendo más daño a nuestros semejantes y cargando todavía más karma a nuestras espaldas. Esta forma de actuar traerá mucha desolación y, tarde o temprano, hará que nuestra conciencia se tambalee y quiera buscar la paz. Será entonces cuando cambiaremos y querremos hacer todo el bien posible a nuestros semejantes, utilizando nuestro talento militar para ganar la gran batalla de la vida, que es la de darles todo aquello que nos pidan, pues entenderemos que eso es exactamente lo que les debemos.

Sealiah

(Motor de todas las cosas)

Ángel nº 45

Jerarquía: Virtudes, n.º 5

Esencia: Motor

Fecha aproximada de regencia y domicilio zodiacal:

- del 3 al 7 de noviembre (exactamente de 10º a 15º de Escorpio)

Rotación de cada Ángel grado a grado:

- el 5 de mayo (14º a 15º de Tauro)
- el 19 de julio (26º a 27º de Cáncer)
- el 2 de octubre (8º a 9º de Libra)
- el 13 de diciembre (20 a 21º de Sagitario)
- el 21 de febrero (2º a 3º de Piscis)

Rotación diaria de cada Ángel cada 20 minutos:

- desde las 14,40 a las 15 horas después de la hora de salida del sol.

Enseñanzas y virtudes que proporciona:

Triunfo y levantamiento de los humildes y de los decaídos; confusión de los malintencionados y orgullosos; lleva vida y salud a todo lo que respira; facilita el aprendizaje de cualquier cosa; hacer a los ladrones devolver las cosas robadas; el equilibrio de la atmósfera; protección contra el mal de ojo y las agresiones malvadas.

La esencia *Motor* nos permitirá volver a emprender la marcha cuando nos hemos bloqueado y nos hemos quedado atascados en el sendero. Esta esencia lleva en sí misma el antídoto para cualquier clase de bloqueo, ya que no nos permitirá pararnos ni bloquearnos ante nada, sino que hará que encontremos siempre el camino de salida por difícil o imposible que parezca a simple vista.

El ángel contrario buscará que aprendamos la lección por medio de los excesos: grandes calores, grandes fríos, exceso de pasión, exceso de frialdad, grandes sequías, etc. Es decir, si el Sealiah de arriba produce un equilibrio, el de abajo produce un desequilibrio, lo que nos avisará de que algo no anda bien en nuestra vida, ya que los excesos terminarán bloqueándonos y no permitiéndonos seguir de forma natural hacia adelante en nuestra evolución, con todas las consecuencias negativas que se derivan de ello. El esfuerzo, al darnos cuenta, deberá entonces ser mucho mayor y tirar de esa esencia que todos tenemos y que nunca nos falta, que es la voluntad. Con ella equilibraremos nuestros excesos, aunque al principio nos cueste, pero sabemos con seguridad que este esfuerzo ha de traer por fin la victoria, que hará que se desbloquee nuestra situación y podamos seguir hacia adelante trabajando adecuadamente las enseñanzas de Sealiah.

Sealiah te proporciona el motor para empezar cualquier empresa con fuerza

Te protegerá principalmente contra el mal de ojo y las agresiones malvadas

Ariel

(Dios revelador)

Ángel nº 46

Jerarquía: Virtudes, n.º 7

Esencia: Percepción Reveladora

Fecha aproximada de regencia y domicilio zodiacal:

- del 8 al 12 de noviembre (exactamente de 15º a 20º de Escorpio)

Rotación de cada Ángel grado a grado:

- el 6 de mayo (15º a 16º de Tauro)
- el 20 de julio (27º a 28º de Cáncer)
- el 3 de octubre (9º a 10º de Libra)
- el 14 de diciembre (21 a 22º de Sagitario)
- el 22 de febrero (3º a 4º de Piscis)

Rotación diaria de cada Ángel cada 20 minutos:

- desde las 15 a las 15, 20 horas después de la hora de salida del sol.

Enseñanzas y virtudes que proporciona:

Descubrir tesoros ocultos; revelación de los mayores secretos de la Naturaleza y la vida; capacidad profética; sueños y ensueños que producen el deseo de realizarlos; espíritu fuerte y sutil; conseguir resolver los problemas más difíciles; discreción para no llamar la atención sobre lo que hacemos; discreción; instrucción sobre las artes mágicas; protección contra las tribulaciones del espíritu y la conducta inconsecuente.

La esencia *Percepción Reveladora* nos permitirá percibir nuevas ideas y nuevos planes de realización, de acuerdo con nuestro Yo trascendente y con nuestro yo emotivo, para llevarlo a cabo en el plano material, es decir, convertir en realidad aquello que la personalidad divina y humana han generado. Así mismo nos proveerá de un material profético y revelador para poder ayudar a los demás y guiarlos hacia el camino espiritual. Seremos un enlace, un puente entre los que están arriba y los que están abajo, haciendo que estos últimos no se queden rezagados en la evolución.

El ángel contrario hará que nos sintamos atribulados a consecuencia de que la visión de los designios de arriba nos llegará al revés. Esto provocará que seamos inconsecuentes y todo pierda el sentido para nosotros. La visión que tendremos de los mundos espirituales será grotesca y descabellada y todo nos parecerá absurdo. Así lo que hagamos será el reflejo de aquello que percibimos, por lo que nada permanecerá en el tiempo, ya que lo que percibimos no es real, sino una imagen distorsionada. Cuando lo descubramos, daremos un giro de 180º y emprenderemos la marcha hacia lo que debe ser en realidad. Entonces comenzaremos a percibir que la realidad del mundo espiritual distaba mucho de lo que nosotros habíamos creído. Ahí empezará nuestra regeneración y nuestro verdadero trabajo.

saliah

(Dios justo que índica la verdad)

Ángel nº 47

Jerarquía: Virtudes, n.º 7

Esencia: Contemplación

Fecha aproximada de regencia y domicilio zodiacal:

- del 13 al 17 de noviembre (exactamente de 20º a 25º de Escorpio)

Rotación de cada Ángel grado a grado:

- el 7 de mayo (16º a 17º de Tauro)
- el 21 de julio (28º a 29º de Cáncer)
- el 4 de octubre (10º a 11º de Libra)
- el 15 de diciembre (22 a 23º de Sagitario)
- el 23 de febrero (4º a 5º de Piscis)

Rotación diaria de cada Ángel cada 20 minutos:

- desde las 15,20 a las 15,40 horas después de la hora de salida del sol.

Enseñanzas y virtudes que proporciona:

Justicia; conocer la verdad en los procedimientos; honradez; elevación de espíritu a la contemplación de las cosas divinas; carácter agradable y justo; comprensión de las leyes espirituales; visualización de las vidas anteriores de una persona; protección contra la inmoralidad, la incitación al escándalo y la propagación de sistemas peligrosos.

La esencia *Contemplación* nos permitirá tener una visión de conjunto sobre todas las cosas. El individuo que se aprovisione de la esencia del ángel, se situará en un escalón más elevado que el resto de sus compañeros de vida, no para estar por encima de ellos, sino para percibir lo que ellos todavía no pueden y proceder a comunicárselo. Será, entonces, aquel que puede ver el futuro con claridad y, por lo tanto, tendrá fama de mago, de visionario, de profeta. Tendrá acceso a conocimientos superiores y los comunicará a los que quieran escucharle.

El ángel contrario se negará a percibir las cosas divinas y, por tanto, sólo verá y escuchará los dictados de su yo material, el cual le llevará a propagar ideas falsas y peligrosas e incitará al escándalo y a las inmoralidades. Esta forma de actuar le llevará a tener seguidores que piensen como él, ya que si no quiere ser el profeta espiritual, tendrá que ser el profeta material, y revelará un mundo con intereses materiales lejos de toda moral. Propagará «el todo vale» y dirá que todo tiene su raíz en la tierra y no en el cielo. Tarde o temprano, verá que este comportamiento es erróneo, porque todo lo que se basa en la materialidad es quimérico y no puede durar por mucho tiempo, será entonces cuando buscará las raíces en el cielo y empezará a trabajar con las virtudes del ángel de arriba.

Asaliah te permitirá tener una visión de conjunto sobre todas las cosas y te permitirá conocer la verdad en los procedimientos

Te protegerá principalmente contra la inmoralidad y el escándalo

Mihael

(Dios padre compasivo)

Ángel nº 48

Jerarquía: Virtudes, n.º 8

Esencia: Generación

Fecha aproximada de regencia y domicilio zodiacal:

- del 18 al 22 de noviembre (exactamente de 25º a 30º de Escorpio)

Rotación de cada Ángel grado a grado:

- el 8 de mayo (17º a 18º de Tauro)
- el 22/23 de julio (29º a 30º de Cáncer)
- el 5 de octubre (11º a 12º de Libra)
- el 16 de diciembre (23 a 24º de Sagitario)
- el 24 de febrero (5º a 6º de Piscis)

Rotación diaria de cada Ángel cada 20 minutos:

- desde las 15,40 a las 16 horas después de la hora de salida del sol.

Enseñanzas y virtudes que proporciona:

Conservar la paz, la armonía y el amor entre esposos; amistad y fidelidad; protección a los que recurren a él; presentimientos e inspiraciones secretas sobre todo lo que ha de pasar; fecundidad en las uniones sexuales; conocimientos de alquimia; protección contra los celos, la inconstancia y la discordia.

La esencia *Generación* nos permitirá ser fértiles en todo lo que nuestra voluntad de deseos emprenda. Los que acojan en su seno esta esencia serán aquellos cuyo equilibrio sentimental podrá crear un mundo lleno de realizaciones materiales y sentimentales, serán personas de obras, podrán tener muchos hijos. Al ser un ángel de fecundidad, todos los que tengan problemas para tener hijos podrán invocarle, quien derramará sobre ellos su esencia y podrán resolver el problema.

El ángel contrario dará exactamente lo contrario que el ángel de arriba, o sea, la esterilidad, los celos y el desequilibrio de la pareja. Cuando la persona que tiene a Mihael como ángel tutor rechaza la esencia cósmica que éste le proporciona, entonces la recoge el ángel de abajo y le hace que aprenda lo mismo pero al contrario de cómo debería ser. Así la fecundidad se convierte en esterilidad, el equilibrio se convierte en desequilibrio, el amor se convierte en desamor, etc. El individuo tendrá que sentir en carne propia el tormento de estos frutos amargos hasta que caiga en la cuenta de que ha equivocado el rumbo y necesita los frutos del ángel de arriba. Será entonces cuando inicie el camino de la regeneración hacia la obtención de los frutos de Mihael.

Mihael te proporciona fertilidad en todo lo que tu voluntad emprenda

Te protegerá principalmente contra los celos, la inconstancia y la discordia

Vehuel

(Dios Grande y Superior)

Ángel n.º 49

Jerarquía: Principados, n.º 1

Esencia: Elevación o Grandeza

Fecha aproximada de regencia y domicilio zodiacal:

- del 23 al 27 de noviembre (exactamente de 0º a 5º de Sagitario)

Rotación de cada Ángel grado a grado:

- el 9 de mayo (18º a 19º de Tauro)
- el 24 de julio (0º a 1º de Leo)
- el 6 de octubre (12º a 13º de Libra)
- el 17 de diciembre (24 a 25º de Sagitario)
- el 25 de febrero (6º a 7º de Piscis)

Rotación diaria de cada Ángel cada 20 minutos:

- desde las 16 a las 16, 20 horas después de la hora de salida del sol.

Enseñanzas y virtudes que proporciona:

Exaltarse hacia Dios para bendecirlo y glorificarlo cuando se está prendado de admiración; convertirse en un gran personaje y obtener distinciones por su talento, su virtud y sus buenas acciones; alma sensible y generosa; distinciones en la literatura, la jurisprudencia y la diplomacia; vida sin penas y en paz; protección contra el odio, el egoísmo y la hipocresía.

La esencia *Elevación o Grandeza* nos ayudará a volver la mirada hacia lo grande y elevado, esto es, hacia los contenidos de nuestro Yo Superior, aquello que está en nuestro *cielo espiritual*, con la idea de llevar a cabo su implantación en la Tierra. Dejaremos a un lado nuestros deseos para poder llevar a cabo dicha tarea de una manera racional y consciente. Esta labor la podremos realizar mediante el programa del ángel, esto es, a través de la literatura, la jurisprudencia, la diplomacia, nuestras buenas acciones, etc. Nuestro ejemplo y trabajo deben ir encaminados a que nuestros semejantes sientan admiración por lo espiritual que llevan dentro y eleven su condición social, dejando a un lado los deseos inferiores de su yo pasajero.

Vehuel hará que vuelvas la mirada hacia lo grande y elevado que hay a tu alrededor

El ángel contrario trabajará con el odio, la hipocresía y el egoísmo. Si el ángel de arriba promueve el amor y las buenas acciones, el de abajo promoverá el odio y las malas acciones. Puede que no sea el propio individuo el que haga esto, sino que lo haga hacer a los personajes de sus novelas, si es escritor. De cualquier forma, tendrá que aprender con el odio, en lugar de con el amor; con el egoísmo, en lugar de con el altruismo; y con la hipocresía, en lugar de con la sinceridad. Y tal vez obtenga premios y distinciones por su labor, quizá sea un escritor o político o juez de renombre. Pero algún día tendrá que darse cuenta y volver la espalda a tales comportamientos. Será entonces cuando decida elevarse a la grandeza de su Yo Superior y comience a trabajar de una forma racional con las cualidades positivas de Vehuel.

Te protegerá principalmente contra el odio, el egoísmo y la hipocresía

Daniel

(El signo de las misericordias)

Ángel n.º 50

Jerarquía: Principados, n.º 2

Esencia: Elocuencia

Fecha aproximada de regencia y domicilio zodiacal:

- del 28 de noviembre al 2 de diciembre (exactamente de 5º a 10º de Sagitario)

Rotación de cada Ángel grado a grado:

- el 10 de mayo (19º a 20º de Tauro)
- el 25 de julio (1º a 2º de Leo)
- el 7 de octubre (13º a 14º de Libra)
- el 18 de diciembre (25 a 26º de Sagitario)
- el 26 de febrero (7º a 8º de Piscis)

Rotación diaria de cada Ángel cada 20 minutos:

- desde las 16,20 a las 16,40 horas después de la salida del sol.

Enseñanzas y virtudes que proporciona:

Misericordia de Dios y consolación; discernimiento entre justicia e injusticia; justicia y protección en los juicios; ayuda a los magistrados; ayuda para decidirse por algo; inspiración para los indecisos; buena mano en los negocios; elocuencia y gusto por la literatura; protección contra la tentación de vivir por medios ilícitos.

La esencia *Elocuencia* nos hará manejar la palabra con arte y belleza excepcional. Esta forma de expresar nuestras ideas y sentimientos nos permitirá quitar rigor a nuestros juicios. Las palabras tienen mucho que ver con las guerras y las peleas. No es lo mismo decir algo quitando *yerro* al asunto, que decirlo expresando toda su crudeza o incluso exagerando lo negativo. Esta esencia hará que meditemos antes de decir las cosas y, después, escojamos aquellas palabras que sean las más adecuadas y bellas para no herir o para no entrar en violencia con nuestro interlocutor o auditorio.

El ángel contrario hará sentir su influencia sobre todos aquellos a los que no les gusta trabajar, aunque sí vivir de lo ajeno o por medios ilícitos. Los que deseen trabajar con la esencia del revés buscarán a toda costa su beneficio personal y querrán enriquecerse por medios ilícitos, por lo que se verán envueltos en asuntos que no estén nada claros y buscarán apoyos de personas influyentes. Buscarán a toda costa ganar dinero a expensas de los demás, por eso estarán siempre al margen de la ley y, en los tiempos que vivimos, muchos se refugiarán en vivir de la sopa boba a costa del estado, es decir, sacando todo lo que puedan y no haciendo nada o haciendo lo menos posible. Pero cuando el individuo se dé cuenta de que actuando así está creándose un montón de deudas kármicas que necesariamente deberá pagar en el futuro; cuando entienda que todo aquello de lo que ha disfrutado eran simplemente *créditos*, por decirlo de algún modo, a pagar a corto o largo plazo, empezará a simpatizar con las enseñanzas del ángel de arriba y a trabajar conscientemente con sus energías, y recibiendo aquello que merece en función de su trabajo y su esfuerzo personal.

Rahasiah

(Dios Oculto)

Ángel n.º 51

Jerarquía: Principados, n.º 3

Esencia: Medicina Universal o Piedra Filosofal

Fecha aproximada de regencia y domicilio zodiacal:

- del 3 al 7 de diciembre (exactamente de 10º a 15º de Sagitario)

Rotación de cada Ángel grado a grado:

- el 11 de mayo (20º a 21º de Tauro)
- el 26 de julio (2º a 3º de Leo)
- el 8 de octubre (14º a 15º de Libra)
- el 19 de diciembre (26 a 27º de Sagitario)
- el 27 de febrero (8º a 9º de Piscis)

Rotación diaria de cada Ángel cada 20 minutos:

- desde las 16,40 a las 17 horas después de la hora de salida del sol.

Enseñanzas y virtudes que proporciona:

Elevar el alma a la contemplación de las cosas divinas y descubrir los misterios de su sabiduría; vocación para la Física y la Química; revelación de secretos de la Naturaleza, particularmente la Piedra Filosofal y la Medicina Universal; vocación y gusto por las ciencias abstractas;

distinción en la medicina por sus curaciones maravillosas; descubrimientos útiles para la sociedad; protección contra los charlatanes, los que hacen bellas promesas que nunca cumplen y los que abusan de la buena fe.

La esencia *Medicina Universal* o *Piedra Filosofal* hará que se comprenda adecuadamente la obra divina, es decir, los misterios que encierra el mundo espiritual. Llegando a esta comprensión, el individuo estará en condiciones para descubrir la causa que produce cada enfermedad y, entonces, dispondrá de los medios necesarios para erradicarla. Cuando estemos enfermos debemos pedir a este ángel que nos diga la causa profunda de nuestra enfermedad y (o) acercarnos a los que dispongan de su esencia, esto es, a los que tienen a este ángel como regente. Éstos podrán dedicarse a curar a los enfermos, pues serán los grandes curanderos del Zodiaco.

El ángel contrario domina sobre los charlatanes y los que abusan de la buena fe de las personas, prometiéndoles cosas que no pueden cumplir. A éstos, el ángel de abajo les hará vivir la experiencia de la comprensión de la obra divina al revés: es decir, no comprenderán nada pero sí que dirán a todo el mundo que son unos maestros, videntes, astrólogos… Abrirán una consulta y, es posible, que pidan un montón de dinero por sus predicciones o curaciones que no se producirán. Las personas de buena fe que se dejen engañar por estos charlatanes llegarán un día a comprender que no son lo que dicen y se apartarán de ellos, buscando al verdadero maestro, a aquel que sí trabaja con las energías del ángel de arriba. Los falsos maestros también se darán cuenta de su pro-

pio error y entenderán que el grado espiritual no se consigue leyendo cuatro libros o pagando por recibir la iniciación a cualquiera que diga que puede dársela. El rango espiritual se consigue con mucho esfuerzo y trabajando por mejorar nuestra personalidad durante mucho tiempo: desterrando el egoísmo y las malas tendencias de nuestro interior. El verdadero maestro no tiene que decir que lo es, los demás lo ven claramente por la luz que desprende su aura.

Ángel. Rafael.

Ángeles en adoración. Benozzo di Lese di Sandro.

Imamiah

(Dios elevado por encima de todas las cosas)

Ángel n.º 52

Jerarquía: Principados, n.º 4

Esencia: Expiación de Errores

Fecha aproximada de regencia y domicilio zodiacal:

- del 8 al 12 de diciembre (exactamente de 15º a 20º de Sag.)

Rotación de cada Ángel grado a grado:

- el 12 de mayo (21º a 22º de Tauro)
- el 27 de julio (3º a 4º de Leo)
- el 9 de octubre (15º a 16º de Libra)
- el 20 de diciembre (27 a 28º de Sagitario)
- el 28 de febrero (9º a 10º de Piscis)

Rotación diaria de cada Ángel cada 20 minutos:

- desde las 17 a las 17, 20 horas después de la hora de salida del sol.

Enseñanzas y virtudes que proporciona:

Anular el poder de los enemigos; protección en los viajes; protección de los prisioneros e inspiración de los medios para obtener la libertad; protección y ayuda a los que buscan la verdad de buena fe y reconocen sus errores sinceramente ante Dios; Paciencia y coraje en las adversidades; gusto por el trabajo y ejecución de lo que desea con facilidad; protección contra el orgullo, la blasfemia y las tendencias pendencieras.

La esencia *Expiación de Errores* buscará a aquellos a los que se les hizo un daño para restituirles aquello que se le ha quitado en el pasado. Si les quitamos la libertad, tendremos que devolvérsela; si le hemos quitado un valor sentimental, un pensamiento, etc., tendremos que devolvérselo. Es decir, los ángeles del destino se ocuparán de buscar a nuestros afectados, sea de esta misma vida o de una anterior, y los acercarán a nosotros para poder rectificar los errores que cometimos con ellos y así poder desprendernos de nuestro karma para con ellos.

El ángel contrario nos cargará de orgullo y de actitudes groseras y pendencieras. Si la esencia del ángel de arriba permite liquidar un karma mediante la expiación de nuestros errores, es decir, restituyendo a nuestros perjudicados aquello que les quitamos, cuando aparecen de nuevo en nuestras vidas, el influenciado por el ángel del abismo se parará ante ellos (y por consiguiente, con los mismos errores del pasado) con orgullo y en actitud desafiante. No se acordará de sus antiguas víctimas, ya que no se identificarán (entre otras cosas, porque tampoco se acordarán), y buscará la manera de apartarlos de su vista mediante el uso de la fuerza. Esta forma de actuar puede darnos victorias momentáneas y, de alguna manera, nos quitaremos de en medio a los desalmados y molestos enemigos que, aparentemente y sin ningún sentido (desde el punto de vista material) la vida nos ha traído. Pero, cuidado, porque si actuamos así, nuestro karma se irá haciendo más y más denso y llegará un momento en el que se convierta

Imamiah te proporciona paciencia y coraje en las adversidades

Te protegerá principalmente contra el orgullo, la blasfemia y las tendencias pendencieras

en un karma maduro, del cual no podremos escaparnos. Entonces vendrán las tremendas lamentaciones y humillaciones que nos hará tomar conciencia y expiar nuestros errores de una manera mucho más dolorosa. Ya hemos visto que en las enseñanzas y virtudes de Imamiah está la forma de actuar correcta, a ellas, pues, debe ceñirse el individuo si no quiere cometer los errores que hemos apuntado.

Ángel despertando al profeta Elías. Juan Antonio de Frias y Escalante.

Las voces. Gustave Moreau.

Ranael

(Dios que rebaja a los orgullosos)

Ángel n.º 53

Jerarquía: Principados, n.º 5

Esencia: Comunicación Espiritual

Fecha aproximada de regencia y domicilio zodiacal:

- del 13 al 17 de diciembre (exactamente de 20º a 25º de Sag.)

Rotación de cada Ángel grado a grado:

- el 14 de mayo (22º a 23º de Tauro)
- el 28 de julio (4º a 5º de Leo)
- el 10 de octubre (16º a 17º de Libra)
- el 21 de diciembre (28 a 29º de Sagitario)
- el 1 de marzo (10º a 11º de Piscis)

Rotación diaria de cada Ángel cada 20 minutos:

- desde las 17,20 a las 17,40 horas después de la hora de salida del sol.

Enseñanzas y virtudes que proporciona:

Inspiración para estudiar Altas Ciencias; ayuda a los eclesiásticos, los profesores, los magistrados y los hombres de ley; gusto por la vida privada, el reposo y la meditación; distinción por sus conocimientos en las ciencias abstractas; conseguir conocimientos trascendentes mediante la meditación; entender el lenguaje de los animales; protección contra la ignorancia y las malas cualidades.

La esencia *Comunicación Espiritual* nos permitirá subir por la mítica escalera de Jacob y ascender al mundo espiritual para poder contemplarlo. Es decir, mediante la meditación ascenderemos los peldaños de dicha escalera y podremos descubrir conocimientos trascendentes. Aquellos que tengan a Nanael como ángel tutor pueden preparar el santuario y construir la escalera espiritual por la cual ascender para después bajarla trayendo a nuestro mundo el orden y la ley divinos.

El ángel contrario influye sobre la ignorancia y las malas cualidades de cuerpo y alma. Si el individuo debe aprender por esta vía, cometerá todo tipo de imprudencias y atropellos, ya que su forma de actuar estará regida por la ignorancia y el error. Si las malas cualidades del alma se producen durante mucho tiempo, terminarán produciendo malas cualidades corporales, o sea, la enfermedad, la cual avisará de que no se va por buen camino y, para poder curarse, habrá que rectificar. La enfermedad es casi siempre un grito, una llamada de atención sobre una dinámica equivocada sobre la que tenemos que tomar conciencia para poner en marcha los mecanismos de la curación.

Rithael

(Rey de los Cielos)

Ángel n.º 54

Jerarquía: Principados, n.º 6

Esencia: Legitimidad

Fecha aproximada de regencia y domicilio zodiacal:

- del 18 al 22 de diciembre (exactamente de 25º a 30º de Sag.)

Rotación de cada Ángel grado a grado:

- el 15 de mayo (23º a 24º de Tauro)
- el 29 de julio (5º a 6º de Leo)
- el 11 de octubre (17 a 18º de Libra)
- el 22 de diciembre (29 a 30º de Sagitario)
- el 2 de marzo (11º a 12º de Piscis)

Rotación diaria de cada Ángel cada 20 minutos:

- desde las 17,40 a las 18 horas después de la hora de salida del sol.

Enseñanzas y virtudes que proporciona:

Misericordia de Dios y larga vida; ayuda en las peticiones que se dirijan a los altos mandos: reyes, príncipes y personalidades civiles y eclesiásticas; ascenso en la vida social; conservación y protección del modo de vida o del empleo y de todo lo que sea legítimo; celebridad por los escritos y la elocuencia; reputación entre los sabios; distinción por las virtudes; protección contra los que maquinan despojarnos de nuestra legítima autoridad.

La esencia *Legitimidad* nos ayudará a fortalecer la legitimidad en cualquier sitio que pueda encontrarse. Lo legítimo es toda aquella inspiración que proviene de nuestro Yo Superior, y lo ilegítimo, lo que viene de los luciferianos. Como el ser humano oye con más frecuencia la voz de los luciferes, de ahí que lo ilegítimo parezca que es lo legítimo en nuestra sociedad. La función de Nithael es la de darle la vuelta y hacer que sea lo contrario, es decir, fortalecer todo aquello que sea legítimo (aquello que viene del mundo espiritual), explicando por qué lo es, dondequiera que se encuentre. Esta forma de actuar hará que, en el futuro, lo legítimo sea siempre lo primero que oigamos, es decir, cambiará nuestros oídos internos para que lo primero que escuchemos sea la voz de los ángeles y de nuestro Yo Superior, en definitiva, lo legítimo.

El ángel contrario influirá para que terminemos escuchando y haciendo lo ilegítimo, es decir, atentar contra los gobiernos legalmente constituidos y echando fuera a sus gobernantes. Esto, por supuesto, también lo haremos en nuestro interior: derrocaremos a las tendencias legítimas, las que vienen de nuestro Yo Superior, y pondremos en su lugar las ilegítimas, aquellas que van en contra de la ley cósmica. Pero como lo ilegitimo está promovido por las fuerzas de abajo, y ya sabemos que todo lo que está promovido por ellos está sujeto a la ley de destrucción, no tardará en desmoronarse y, tarde o temprano, veremos a los verdaderos gobernantes, los que fueron derrocados por los usurpadores, que vuelven otra vez a coger su poder, ya que aquéllos terminarán tomando conciencia de su error y cederán de nuevo sus puestos a quienes les corresponden de acuerdo con su propia evolución interna.

Nithael te proporciona misericordia de Dios y larga vida

Te protegerá principalmente contra los que maquinan despojarnos de nuestra legítima autoridad

# Nebahiah

(Dios Eterno)

Ángel n.º 55

Jerarquía: Principados, n.º 7

Esencia: Lucidez Intelectual

Fecha aproximada de regencia y domicilio zodiacal:

del 23 al 27 de diciembre (exactamente de 0º a 5º de Capricornio)

Rotación de cada Ángel grado a grado:

- el 16 de mayo (24º a 25º de Tauro)
- el 30 de julio (6º a 7º de Leo)
- el 12 de octubre (18º a 19º de Libra)
- el 23 de diciembre (0º a 1º de Capricornio)
- el 3 de marzo (12º a 13º de Piscis)

Rotación diaria de cada Ángel cada 20 minutos:

- desde las 18 a las 18, 20 horas después de la hora de salida del sol.

Enseñanzas y virtudes que proporciona:

Aporta consuelo y hace realidad el deseo de tener hijos; elevada moralidad; ayuda a la propagación del bien y las ideas espirituales a través de todos los medios posibles; afán por cumplir sus deberes hacia Dios y hacia los hombres, asistiéndoles en el camino hacia la perfección; protección contra la mentira y la inmoralidad.

La esencia *Lucidez Intelectual* aportará la moral en nuestras vidas. Hará que todo acto tenga como premisa el bien de la Humanidad, sin que nada sea perturbado. La moral ha de perseguir el mejoramiento y la evolución de todos aquellos con los cuales nos encontremos, para ello nuestro intelecto se verá iluminado por los designios divinos y traerá la armonía a nuestra vida y a la de los demás.

El ángel contrario trabaja con la mentira y la inmoralidad. Es decir, si Mebahiah trabaja con la moralidad y la verdad, su copia artificial negativa trabajará con la inmoralidad y la mentira, presentándonos como la única verdad la que proviene del mundo material. Y aunque la verdad material es algo que nuestros sentidos pueden contemplar y tocar más fácilmente, es una verdad que procede de las fuerzas de abajo, porque el individuo no supo o no quiso trabajar con las energías positivas del ángel. Pero esta supuesta verdad, aunque buena parte de la sociedad pueda sustentarla, como ocurre ahora con el aborto y ciertas normas sociales, están sostenidas por una ley inmoral, es decir, contraria al bien cósmico.

Concierto de Ángeles. Giovanni Battista Gaulli.

Poyel

(Dios que sostiene el universo)

Ángel n.º 56

Jerarquía: Principados, n.º 8

Esencia: Sostén, Fortuna, Talento y Modestia

Fecha aproximada de regencia y domicilio zodiacal:

- del 28 al 31 de diciembre (exactamente de 5º a 10º de Cap.)

Rotación de cada Ángel grado a grado:

- el 17 de mayo (25º a 26º de Tauro)
- el 31 de julio (7º a 8º de Leo)
- el 13 de octubre (19º a 20º de Libra)
- el 24 de diciembre (1º a 2º de Capricornio)
- el 4 de marzo (13º a 14º de Piscis)

Rotación diaria de cada Ángel cada 20 minutos:

- desde las 18,20 a las 18,40 horas después de la hora de salida del sol.

Enseñanzas y virtudes que proporciona:

Concede cualquier cosa que necesite para su vida, sus estudios, su profesión, etc.; fama y fortuna debidos a su talento y a su conducta; conocimiento filosófico; modestia; moderación y buen humor que atraerán la admiración y la estima de todo el mundo; talento y conducta que le proporcionarán buena fortuna, aprendizaje de cualquier cosa del pasado, presente y futuro; protección contra la ambición, el orgullo y la tentación de elevarse presuntuosamente por encima de los demás.

La esencia *Sostén, Fortuna, Talento y Modestia* traerá a nuestras vidas un premio que aparecerá de forma milagrosa. Será algo parecido al premio de la lotería. Pero, claro está, como todo en el Universo, este premio tiene que haber sido merecido, y para recibirlo se debe haber pasado por un periodo de aprendizaje y por un trabajo altruista y entrega sin límites, que quizá haya llevado más de una vida. Los frutos que entrega Poyel van destinados a aquellos que han llegado a superar el orgullo y la soberbia y no necesitan demostrar que son grandes, pues su mismo comportamiento lo dará a entender.

El ángel contrario utilizará la ambición, el orgullo y la tentación para que su alumno se eleve presuntuosamente por encima de los demás. Cuando no se puede acceder por méritos propios a puestos más elevados, existe la tentación de elevarse por medios ilícitos sin importar a quien se pisotee en el ascenso. La envidia llegará a ser tal, que se querrá ser lo que no se es por su propia valía. Es posible que se ascienda de forma antinatural, haciendo daño y desbancando a los que sí han alcanzado por méritos propios ese puesto. Pero, tarde o temprano, el río volverá a su cauce y, los que ascendieron de forma ilegal, tendrán que volver a ocupar los puestos que le pertenecen por propia evolución. Entonces serán heridos en su orgullo y, con el tiempo, entenderán que sólo se puede ser grande si uno ha trabajado duramente para ello.

Remamiah

(Dios adorable)

Ángel n.º 57

Jerarquía: Arcángeles, n.º 1

Esencia: Entendimiento o Discernimiento

Fecha aproximada de regencia y domicilio zodiacal:

- del 1 al 5 de enero (exactamente de 10º a 15º de Cap.)

Rotación de cada Ángel grado a grado:

- el 18 de mayo (26º a 27º de Tauro)
- el 1 de agosto (8º a 9º de Leo)
- el 14 de octubre (20º a 21º de Libra)
- el 25 de diciembre (2º a 3º de Capricornio)
- el 5 de marzo (14º a 15º de Piscis)

Rotación diaria de cada Ángel cada 20 minutos:

- desde las 18,20 a las 18,40 horas después de la hora de salida del sol.

Enseñanzas y virtudes que proporciona:

Prosperidad en todas las cosas; hace que los prisioneros sean liberados; ayuda a los que combaten por una causa justa; ayuda a los inventores, sobre todo en la industria del acero; gusto por la carrera militar; grandeza de espíritu; capacidad para soportar las fatigas; protección contra la cobardía y la tentación de atacar a las personas indefensas.

La esencia *Entendimiento o Discernimiento* nos permitirá entender perfectamente el plan trazado por nuestro Yo Superior. La asimilación de esta esencia hará que el guión de nuestra vida sea perfectamente entendible y todos los protagonistas encajen en él. Entenderemos la diferencia entre el bien y el mal, lo justo y lo injusto, lo útil y lo inútil, lo verdadero y lo falso y, como es natural, elegiremos lo mejor que se nos plantee de cada cosa, con vistas a una correcta realización del programa de Nemamiah.

El ángel contrario hará que no se entienda nada del guión de nuestra propia vida y, entonces, habremos de aprender a través de la cobardía y el ataque a personas indefensas, traicionando, por así decirlo, al designio de nuestro Yo Superior. Lo que quiere decir que nuestro entendimiento se verá bloqueado y la falta de discernimiento será el «pan nuestro de cada día», haciendo que, tal vez, en lugar de liberar a los prisioneros, los metamos en la cárcel; en lugar de ayudar a los que trabajan por una causa justa, les pongamos trabas o ayudemos a los que trabajan por una causa injusta, etc. Esta forma de actuar llegará a su fin cuando entendamos que lo que hacemos no produce los frutos que necesitamos para evolucionar, que nuestra *cosecha* no se parece en nada a lo que debería ser. Será entonces cuando desearemos encontrar el equilibrio para emprender el camino hacia el programa del ángel de arriba.

Nemamiah te proporciona prosperidad en todas las cosas y entendimiento para comprender el plan de tu Yo Superior

Te protegerá principalmente contra la cobardía y la tentación de atacar a las personas indefensas

Ieialel

(Dios que satisface las generaciones)

Ángel n.º 58

Jerarquía: Arcángeles, n.º 2

Esencia: Fortaleza Mental

Fecha aproximada de regencia y domicilio zodiacal:

- del 6 al 10 de enero (exactamente de 15º a 20º de Cap.)

Rotación de cada Ángel grado a grado:

- el 19 de mayo (27º a 28º de Tauro)
- el 2 de agosto (9º a 10º de Leo)
- el 15 de octubre (21º a 22º de Libra)
- el 26 de diciembre (3º a 4º de Capricornio)
- el 6 de marzo (15º a 16º de Piscis)

Rotación diaria de cada Ángel cada 20 minutos:

- desde las 18,20 a las 18,40 horas después de la hora de salida del sol.

Enseñanzas y virtudes que proporciona:

Curación de enfermedades, especialmente el *mal de ojo*; energía para combatir la tristeza y consuelo para las penas; ayuda en los trabajos que se relacionen con el hierro, el acero y el metal; franqueza y bravura; confusión de los malvados y los falsos testigos; protege contra la cólera.

La esencia *Fortaleza Mental* nos dará fuerza para dominar mentalmente las pasiones y todos los impulsos que procedan de nuestra naturaleza de deseos, ya que si los obedecemos, nos confundirán y harán que el trabajo de nuestro Yo Superior no pueda realizarse correctamente. Nuestra fortaleza mental nos impulsará a curar las enfermedades y los malvados y los falsos testigos quedarán confundidos. Estos malvados pueden ser nuestras propias tendencias, aquellas que intentan confundirnos contra los designios de nuestro Yo Eterno.

El ángel contrario buscará confundirnos a través de una estrategia sentimental. Para ello no dudará en proporcionarnos falsos testigos que nos convencerán de que nuestro comportamiento es el acertado, y nos impulsará a satisfacer toda clase de apetencias pasionales. Nos rebelaremos contra todo aquello que vaya en contra de nuestros deseos y estallaremos en cólera contra ellos, haciéndoles probablemente un daño irreparable que, tarde o temprano, tendremos que reparar. Este comportamiento traerá, a la larga, enfermedades, tristeza y debilidad mental, *hundiéndonos en la miseria,* por así decirlo, hasta que entendamos todo el mal que hicimos a nuestros semejantes y nos decidamos a repararlo.

Harahel

(Dios conocedor de todas las cosas)

Ángel n.º 59

Jerarquía: Arcángeles, n.º 3

Esencia: Riqueza Intelectual

Fecha aproximada de regencia y domicilio zodiacal:

- del 11 al 15 de enero (exactamente de 20º a 25º de Cap.)

Rotación de cada Ángel grado a grado:

- el 20 de mayo (28º a 29º de Tauro)
- el 3 de agosto (10º a 11º de Leo)
- el 16 de octubre (22º a 23º de Libra)
- el 27 de diciembre (4º a 5º de Capricornio)
- el 7 de marzo (16º a 17º de Piscis)

Rotación diaria de cada Ángel cada 20 minutos:

- desde las 18,40 a las 19 horas después de la hora de salida del sol.

Enseñanzas y virtudes que proporciona:

Finalización de un periodo estéril; protección contra la esterilidad de las mujeres; respeto y sumisión de los hijos hacia los padres; descubrimiento de tesoros; buena organización de los fondos públicos, los archivos y las bibliotecas; ayuda a los comerciantes, a la imprenta, a la editorial, a la librería y a todos los negocios de comunicación; distinción por sus talentos y su fortuna; protección contra la quiebra, la ruina y la destrucción por incendios.

La esencia *Riqueza Intelectual* nos proporcionará los materiales necesarios para poder escribir un guión equilibrado e inteligente. Pondrá en nuestro interior un material que ineludiblemente tendremos que poner al servicio de los demás, ya sea en forma de novela, cuento, escrito científico, artículos, etc., o también como editores de todos estos contenidos. Es decir, los tesoros que Harahel vaya descubriéndonos, debemos, al mismo tiempo, mostrárselo a los demás y no acumularlo con la excusa de que si se lo contamos, van a saber más que nosotros. La palabra clave es *compartir* con los demás todo aquello que nos inspira el ángel. Debemos, pues, ser generosos en las ideas, los sentimientos, los bienes materiales…, dejar que el designio divino siga su curso sin oponernos a él.

El ángel contrario causará la quiebra, la ruina y la destrucción por incendios. Si en lugar de aprovisionarnos de la esencia de Harahel como es debido, su energía resbala y cae al abismo, los de abajo nos la proporcionarán en forma destructiva. Esa luz, al transitar por cauces inadecuados, provocará las cosas negativas de las que hemos hablado: la quiebra, la ruina y la destrucción por incendios. También traerá la esterilidad y la insumisión de los hijos hacia los padres. Es decir, todo lo positivo de Harahel será realizado al revés.

Mitzrael

(Dios que alivia a los oprimidos)

Ángel n.º 60

Jerarquía: Arcángeles, n.º 4

Esencia: Reparación

Fecha aproximada de regencia y domicilio zodiacal:

- del 16 al 20 de enero (exactamente de 25º a 30º de Cap.)

Rotación de cada Ángel grado a grado:

- el 21 de mayo (29º a 30º de Tauro)
- el 4 de agosto (11º a 12º de Leo)
- el 17 de octubre (23º a 24º de Libra)
- el 28 de diciembre (5º a 6º de Capricornio)
- el 8 de marzo (17º a 18º de Piscis)

Rotación diaria de cada Ángel cada 20 minutos:

- desde las 19,40 a las 20 horas después de la hora de salida del sol.

Enseñanzas y virtudes que proporciona:

Curación las enfermedades del alma y de la mente; la liberación de los que nos persiguen; reconocimiento social de los talentos y la virtudes de la persona; fidelidad de los subalternos a los superiores; buenas cualidades de cuerpo y alma; buen humor y larga vida; protección contra la insubordinación.

La esencia *Reparación* nos aporta la energía necesaria para curar y reparar aquello que lo necesita. A lo largo de nuestras vidas hemos creado obras, algunos de estas obras contenían algún error; ahora se ponen ante nuestros ojos para poder tomar conciencia y rectificar. Esta rectificación pasa por la reparación de nuestras obras. Esta esencia nos ayudará a curar las enfermedades del alma y de la mente y nos proporcionará los materiales para construir con materiales nuevos, para que nuestros hijos o nuestras obras no contengan el error primigenio.

El ángel contrario causará la insubordinación y las malas cualidades físicas y morales. Hará que dentro de nosotros se desate una lucha entre nuestra mente y nuestras emociones, lo cual producirá alternancias en el poder de nuestra psique: ahora dominará una tendencia de la mente y luego otra emocional, causando un desbarajuste interno, una guerra constante en nuestro interior entre unas y otras tendencias, que nos impedirá progresar. Este comportamiento se instalará en todo nuestro organismo, causándonos enfermedades mentales, que nos llevarán a estar medicados para todo: para dormir, para despertarnos, para ir al baño, etc. Todo esto cesará cuando nos pongamos en sintonía con Mitzrael y asimilemos su esencia correctamente, que nos permitirá subordinarnos a nuestro Yo Superior, para poder armonizar nuestro mundo.

Mitzrael te proporciona la energía necesaria para curar y reparar aquello que lo necesita

Te protegerá principalmente contra la insubordinación

Amabel

(Dios por encima de todas las cosas)

Ángel n.º 61

Jerarquía: Arcángeles, n.º 5

Esencia: Afinidad, Amistad, Analogía

Fecha aproximada de regencia y domicilio zodiacal:

- del 21 al 25 de enero (exactamente de 0º a 5º de Acuario)

Rotación de cada Ángel grado a grado:

- el 22 de mayo (0º a 1º de Géminis)
- el 5 de agosto (12º a 13º de Leo)
- el 18 de octubre (24 a 25º de Libra)
- el 29 de diciembre (6º a 7º de Capricornio)
- el 9 de marzo (18º a 19º de Piscis)

Rotación diaria de cada Ángel cada 20 minutos:

- desde las 20 a las 20, 20 horas después de la hora de salida del sol.

Enseñanzas y virtudes que proporciona:

Conseguir amistades (citar el nombre); aprendizaje fácil de la Astrología, la Astronomía, la Física y las Ciencias Ocultas; gusto por los viajes agradables y todos los placeres honestos; consuelo en las penas de amor; felicidad y alegría; protección contra el libertinaje y la entrega a placeres contrarios al orden cósmico.

La esencia *Afinidad, Amistad, Analogía* nos guiará para poder encontrar afinidad con las normas que rigen el Universo, descubriendo mediante la analogía verdades trascendentes. Podremos encontrar lo que es afín a cualquier persona, animal o cosa, empezando primero por todos nuestros órganos internos. Entenderemos las ciencias astrológicas y herméticas; descubriendo las leyes de la analogía entre el macrocosmos y el microcosmos y, al ponerlas en práctica, se producirá la armonía tanto en nuestro interior como en el exterior. Esta esencia nos pondrá, además, en contacto con amigos afines con los que podremos desarrollar un proyecto común.

El ángel contrario hará que nos volvamos hacia atrás, y nos refugiemos en placeres antiguos que, aunque en aquel tiempo fueron legítimos, ahora ya no lo son, y, por lo tanto, constituyen un atentado al orden cósmico. Cuando el peregrino se adentra en el estudio de las ciencias espirituales, en algún momento de su vida se encuentra desconectado de sus amistades y de todo lo que constituía su forma de vida segura, en la cual se encontraba a gusto. Al ver desaparecer de su horizonte a todos aquellos con los que se encontraba bien y sentirse completamente solo, sentirá la tentación de volver al pasado y hacia él mismo, y gozar de todos los placeres a lo que ahora debe renunciar. La nueva situación le invita a seguir hacia adelante sin volver la mirada hacia atrás; pero si cede a esta tentación, se convertirá en un libertino, disfrutando de placeres que ya ha superado. Pero, al igual que ocurrió con Sodoma y Gomorra, algún día esta forma de vida se desmoronará ante sus ojos y ya no podrá disfrutar con ellos; entonces, no tendrá más remedio que volver su mirada hacia adelante, pero antes tendrá que liquidar todo el karma generado en su forma errónea de actuar.

Iah-Hel

(Ser Supremo)

Ángel n.º 62

Jerarquía: Arcángeles, n.º 6

Esencia: Afán de Saber

Fecha aproximada de regencia y domicilio zodiacal:

- del 26 al 30 de enero (exactamente de 5º a 10º de Acuario)

Rotación de cada Ángel grado a grado:

- el 23 de mayo (1º a 2º de Géminis)
- el 6 de agosto (13º a 14º de Leo)
- el 19 de octubre (25 a 26º de Libra)
- el 30 de diciembre (7º a 8º de Capricornio)
- el 10 de marzo (19º a 20º de Piscis)

Rotación diaria de cada Ángel cada 20 minutos:

- desde las 20,20 a las 20,40 horas después de la hora de salida del sol.

Enseñanzas y virtudes que proporciona:

Afán de saber; sabiduría; ayuda a los filósofos y los que buscan la luz y el conocimiento; proporciona lugares de tranquilidad y de soledad; buen entendimiento entre cónyuges; distinción por su modestia y sus virtudes; desprendimiento; protección contra el escándalo, el lujo y el divorcio.

La esencia *Afán de Saber* hará que se ame la sabiduría más que todas las cosas. Esta sabiduría nos llevará a la comprensión del funcionamiento práctico de la ley cósmica. Permitirá que entendamos las causas que llevan a los distintos efectos en la sociedad. Hará que busquemos lugares tranquilos y solitarios para captar los mensajes del mundo espiritual y poder transmitirlos a los demás mediante tratados filosóficos o espirituales.

El ángel contrario confundirá la verdadera sabiduría con la sabiduría mundana, aquella que proclama que los que viven el exceso, el vicio y la vida lujosa son los verdaderos sabios, ya que, según ellos, la vida son cuatro días y hay que gozar al máximo. Para conseguir sus objetivos no dudarán en montar un negocio espiritual que les dé suculentos beneficios, pues lo primero, dicen, es vivir en este mundo lo mejor que se pueda, y después ya vendrá todo lo demás. Exactamente al revés de lo que debería ser, ya que primero es la sabiduría espiritual y después se da lo demás por añadidura, según la promesa de Jehová a Salomón, cuando éste le pidió únicamente sabiduría. «Te daré la sabiduría y todo lo demás por añadidura», respondió Jehová. Para aquellos que viven el lujo y los excesos nombrados más arriba, no tardará en aparecer el escándalo y el divorcio, ya que los que busquen la verdad y la sabiduría de forma sincera, no podrán seguir con ellos y terminará apartándose o denunciando su mentira. Esto hará que tomen conciencia de su error y quieran trabajar sinceramente con la energía del ángel de arriba.

Anauel

(Dios infinitamente bueno)

Ángel n.º 63

Jerarquía: Arcángeles, n.º 7

Esencia: Percepción de la Unidad

Fecha aproximada de regencia y domicilio zodiacal:

- del 31de enero al 4 de febrero (exactamente de 10º a 15º de Acuario)

Rotación de cada Ángel grado a grado:

- el 24 de mayo (2º a 3º de Géminis)
- el 7 de agosto (14º a 15º de Leo)
- el 20 de octubre (26 a 27º de Libra)
- el 31 de diciembre (8º a 9º de Capricornio)
- el 11 de marzo (20º a 21º de Piscis)

Rotación diaria de cada Ángel cada 20 minutos:

- desde las 20,40 a las 21 horas después de la hora de salida del sol.

Enseñanzas y virtudes que proporciona:

Llevar el mensaje espiritual de Cristo a las naciones; protección contra los accidentes; buena salud y curación de enfermedades con todo tipo de terapias; capacidad para desempeñar trabajos relacionados con la banca y el comercio; espíritu sutil e ingenioso; espíritu sutil e ingenioso; protección contra la locura, la prodigalidad y la ruina por el mal comportamiento.

La esencia *Percepción de la Unidad* nos ayudará a percibir la unidad en todo, hará que dejemos atrás la idea de separatividad, producida por el Mundo Físico y Emocional, y entremos en el mundo de unidad del Mundo Mental. Este estado se producirá cuando hayamos superado nuestro estado emotivo y dominemos nuestros deseos y emociones a través de nuestra mente. Entonces ya no perteneceremos más a una familia, a una raza, a una religión…, sino a todo el Universo, percibiremos la unidad de todos los seres y ya nunca más tendremos la sensación de estar separados.

El ángel contrario produce la locura, la prodigalidad y la ruina por mal comportamiento. Si el de arriba trabaja con la razón, el de abajo lo hace con la locura. Esta locura no es patológica, sino la que sobreviene por la irreflexión y la prodigalidad, que llevarán a un mal comportamiento que puede llevar a la ruina de cualquier empresa. El despilfarro, el derroche o el gasto inútil sin pensar en las consecuencias puede hacer que cualquier empresa vaya a pique. Y no solamente una empresa, sino también un país, como está ocurriendo en el momento de escribir estas líneas en los principales países del mundo, incluyendo principalmente a España, que en estos momentos (agosto de 2011) tiene una deuda exterior importante y casi cinco millones de parados. Dar sin pensar en las consecuencias y contraer más deuda sin un plan adecuado de crecimiento y austeridad lleva a un país a la ruina, hace que el paro suba y que muchos ciudadanos tengan que vivir en

Anauel te proporciona energía y fuerza para llevar un mensaje espiritual a las naciones

Te protegerá principalmente contra la locura y la ruina

condiciones infrahumanas. Como consecuencia los inversores cada vez confían menos en la locura de estos gobiernos. Esto ocurre cuando los gobernantes elegidos no son los adecuados ni están preparados para llevar un país y, por contra, tampoco quieren abandonar el timón. Por supuesto, la enseñanza que reciben los que se han comportado de este modo es que la próxima vez deben utilizar la razón y no las emociones para tomar todas las decisiones importantes, pues la catástrofe que pueden provocar es enorme y, si no abandonan el gobierno o la forma negativa de actuar se crearán un montón de karma, el cual tardarán muchas vidas en liquidar.

El Ángel. Edward Burne Jones.

Adoración del Espíritu Santo por los ángeles. Jacinto Gómez.

Mehiel

(Dios que vivifica todas las cosas)

Ángel n.º 64

Jerarquía: Arcángeles, n.º 8

Esencia: Vivificación

Fecha aproximada de regencia y domicilio zodiacal:

- Del 5 al 9 de febrero (exactamente de 15º a 20º de Acuario)

Rotación de cada Ángel grado a grado:

- el 25 de mayo (3º a 4º de Géminis)
- el 8 de agosto (15º a 16º de Leo)
- el 21 de octubre (27 a 28º de Libra)
- el 1 de enero (9º a 10º de Capricornio)
- el 12 de marzo (21º a 22º de Piscis)

Rotación diaria de cada Ángel cada 20 minutos:

- desde las 21 a las 21, 20 horas después de la hora de salida del sol.

Enseñanzas y virtudes que proporciona:

Protección contra los instintos, los animales feroces y las fuerzas del mal; capacidad para expresarse por escrito; éxito en trabajos de imprenta y librería; distinción en la literatura; concede las plegarias de los que esperan misericordia de Dios; ayuda a los sabios, los oradores, los autores y los profesores; protección contra los falsos sabios, las controversias, las disputas literarias y la crítica.

La esencia *Vivificación* nos permite llevar a la vida práctica el guión elaborado por nuestro Yo Superior. Esta esencia hará que, al dar vida a los personajes que aparecen en nuestra obra de teatro interna, vivifiquemos al mismo tiempo a aquellos que están aletargados, sin ánimos para seguir hacia adelante con sus vidas. En una palabra, nosotros recibimos el mensaje del mundo espiritual, este mensaje lo transformamos en ensayo, obra literaria, o guión cinematográfico, y después aquellos que lo leen, lo escuchan o lo ven se sienten vivificados, es decir, reconocen el mensaje trascendente y perciben su profundidad espiritual, lo cual les da ánimos y despierta en ellos el gusanillo para seguir estudiando las verdades espirituales.

Mehiel te proporciona energía para vivificar a los que están dormidos, dándoles ánimos para seguir adelante

El ángel contrario hará lo opuesto al ángel de arriba. Extenderá su influencia haciendo creer a los hombres que son sabios, y éstos, creyéndoselo difundirán una falsa y perversa enseñanza. En lugar de dar ánimos y esperanzas para vivir, harán ver lo negativo de la vida; enseñarán la perversión sexual y la pornografía y la vestirán con ropajes sublimes; serán profesores de una ética y moral contraria al orden cósmico; serán promotores de guerras, diciendo a la sociedad que le rodea que son necesarias, etc. En definitiva, se presentarán como maestros, pero en realidad serán falsos, lo que tarde o temprano saldrá a la luz, haciendo que su mundo se desmorone y queden como lo que eran antes de ponerse la etiqueta. Entonces entenderán que, para ser sabios, hay

Te protegerá principalmente contra los instintos, los animales feroces y las fuerzas del mal

que andar el camino por uno mismo y trabajar en esa dirección. Ser sabio no es ponerse una etiqueta, sino haber alcanzado un estado propio de sabiduría tras duros años de labor y trabajo con uno mismo. Será entonces cuando emanará la luz que todos reconocerán como verdadera sabiduría. Nunca antes.

Ilustración de Doré para una edición de *La Divina Comedia*.

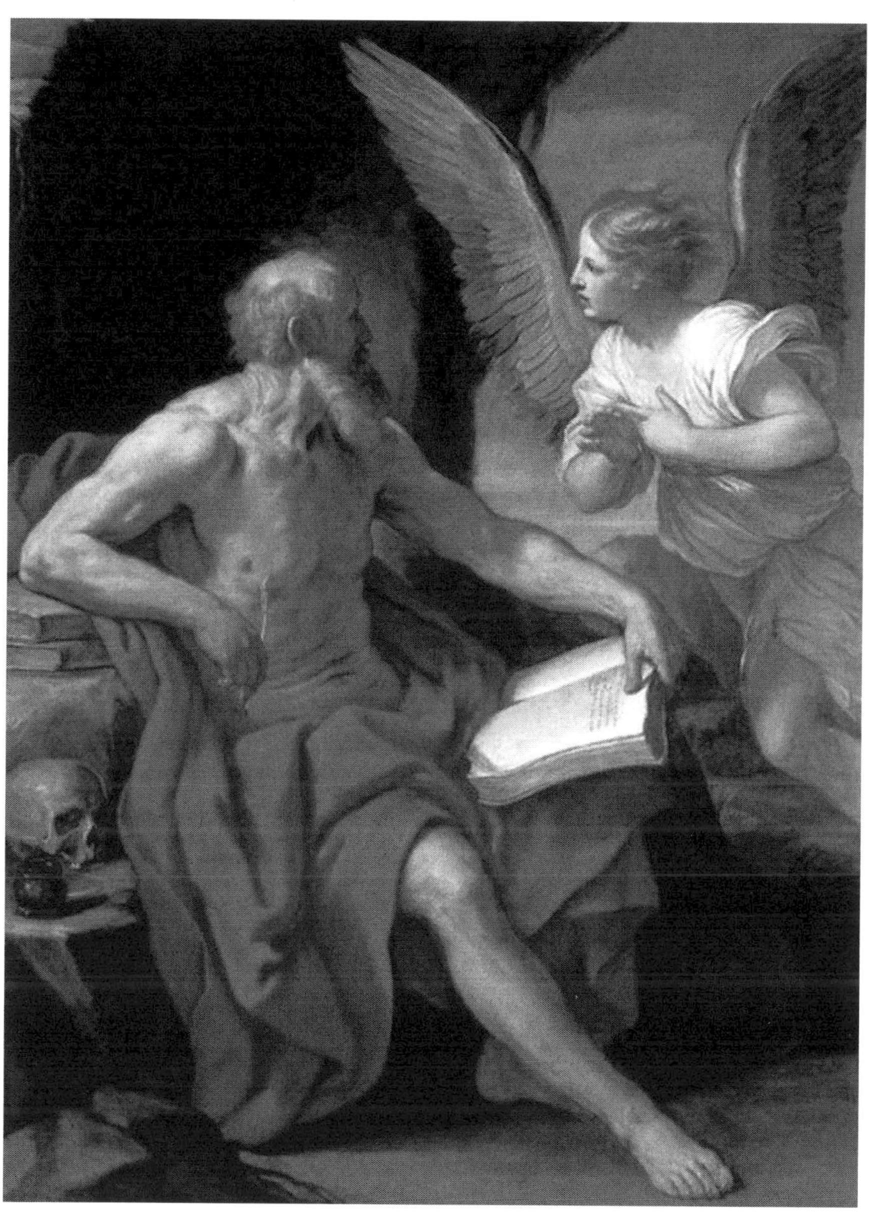

Aparición de un ángel a San Jerónimo. Guido Reni (1640).

Damabiah

(Dios fuente de sabiduría)

Ángel n.º 65

Jerarquía: Ángeles, n.º 1

Esencia: Fuente de Sabiduría

Fecha aproximada de regencia y domicilio zodiacal:

- del 10 al 14 de febrero (exactamente de 20º a 25º de Acuario)

Rotación de cada Ángel grado a grado:

- el 26 de mayo (4º a 5º de Géminis)
- el 9 de agosto (16º a 17º de Leo)
- el 22 de octubre (28 a 29º de Libra)
- el 2 de enero (10º a 11º de Capricornio)
- el 13 de marzo (22º a 23º de Piscis)

Rotación diaria de cada Ángel cada 20 minutos:

- desde las 21,20 a las 21,40 horas después de la hora de salida del sol.

Enseñanzas y virtudes que proporciona:

Protección contra los sortilegios; sabiduría y éxito en empresas útiles; ayuda en las expediciones marítimas y las construcciones navales; ayuda a los marineros, los pilotos, la pesca y a los comercios relacionados con el mar; descubrimiento que puede valer una fortuna;

protección contra las tempestades y los naufragios, tanto físicos como morales.

La esencia *Fuente de Sabiduría* nos abastece de energía para poder enfrentarnos con cualquier situación o anécdota de la vida y ponerle el toque de sabiduría que necesita. Llena las alforjas del peregrino de amor, altruismo y abnegación, sin ninguna limitación. Pone en los sentimientos el toque de armonía necesaria para que el individuo se maneje con soltura en ese mundo y descubra lo valioso que se encuentra dentro de él. En otras palabras: su abnegación y altruismo le permitirá descubrir en el mundo sentimental de las personas y en su propio interior emocional verdaderos valores que otros son incapaces de ver.

El ángel contrario nos proporcionará tempestades y naufragios físicos y morales. Si el ángel de arriba nos hacer ver y vivir lo mejor del mundo emocional y armonizarlo, el de abajo nos hará ver y vivir lo peor, es decir, las tormentas, los naufragios… que a nivel simbólico representa un estado confuso, violento y guerrero. En definitiva, un estado emocional alterado por las ideas excesivas y destructivas que imperan en nosotros. Este estado prevalecerá hasta que decidamos ponerle fin y captemos el mensaje que viene de nuestro Yo Superior y exclamemos junto a los apóstoles: «Señor, sálvanos, que perecemos»; entonces el Cristo interno calmará la tempestad de nuestras emociones y nos pondrá en el camino correcto de Damabiah.

Damabiah te proporciona energía para poder enfrentarte a cualquier situación

Te protegerá principalmente contra los sortilegios, las tempestades y los naufragios

Manakel

(Dios que asiste y conserva todas las cosas)

Ángel n.º 66

Jerarquía: Ángeles, n.º 2

Esencia: Conocimiento del Bien y del Mal

Fecha aproximada de regencia y domicilio zodiacal:

- del 15 al 19 de febrero (ex. de 25º a 30º de Acuario)

Rotación de cada Ángel grado a grado:

- el 27 de mayo (5º a 6º de Géminis)
- el 10 de agosto (17º a 18º de Leo)
- el 23 de octubre (29 a 30º de Libra)
- el 3 de enero (11º a 12º de Capricornio)
- el 14 de marzo (23º a 24º de Piscis)

Rotación diaria de cada Ángel cada 20 minutos:

- desde las 21,40 a las 22 horas después de la hora de salida del sol.

Enseñanzas y virtudes que proporciona:

Calmar la cólera de Dios y curar el mal pasajero; influye sobre el sueño (para conciliarlo) y sobre los sueños; bellas cualidades de cuerpo y de alma; carácter dulce que atrae la amistad y la benevolencia de las gentes de bien; discernimiento para conocer el bien y el mal; protección contra las malas cualidades físicas y morales.

La esencia *Conocimiento del Bien y del Mal* nos proporciona los materiales para discernir lo positivo de lo negativo en nuestra vida. Saber discernir es una de las cosas más importantes de nuestra vida, ya que en este mundo físico nada es lo que parece, todo es aparente, aunque la mayoría coincidimos en que hay cosas que nos hacen bien y cosas que nos producen un daño. Si elegimos beber alcohol sabemos que, tarde o temprano, saldremos perjudicados. Lo mismo ocurre en el terreno espiritual: si elegimos hacer daño a nuestro prójimo, nos crearemos un karma y, tarde o temprano, ese daño lo recibiremos en carne propia. Conocer el Bien y el Mal y elegir el Bien es tarea primordial de esta esencia. Cultivar el bien a nuestro alrededor, ayudará a toda la humanidad y, principalmente, a nosotros mismos.

El ángel contrario producirá las malas cualidades. En efecto, si cultivamos el mal a nuestro alrededor, todo ese mal, tarde o temprano se interioriza en nuestro cuerpo físico, produciendo enfermedades físicas y morales. Tal vez el ángel del abismo nos haga creer que todo lo que nos produce un placer en este mundo es bueno, y nos induzca a saltarnos la ley divina a la torera, lanzándonos a experimentar todo tipo de placeres perversos y contrarios al orden cósmico y haciéndonos creer que no existe más norma que ésa. Nos inducirá a creer que el placer es bueno y el dolor es malo, cosa que, en un principio, es muy loable. Pero evitará decirnos que el dolor es un aviso, una señal de que algo no funciona como es debido en nuestra vida. El influido por el ángel de abajo se desprenderá de normas y negará su existencia; navegará entre los malvados y los perversos hasta perder completamente la salud física y psíquica. Esta forma de comportarse llegará a su fin cuando, harto de vivir en esa lamentable situación, decida recibir y hacer buen uso del Conocimiento del Bien y del Mal, otorgado por Manakel.

Manakel te enseña a discernir entre lo positivo y lo negativo en tu vida cotidiana

Te protegerá principalmente contra las malas cualidades físicas y morales

Miael

(Dios, encanto de los niños y de los hombres)

Ángel n.º 67

Jerarquía: Ángeles, n.º 3

Esencia: Transustanciación

Fecha aproximada de regencia y domicilio zodiacal:

- del 20 al 24 de febrero (exactamente de 0º a 5º de Piscis)

Rotación de cada Ángel grado a grado:

- El 28 de mayo (6º a 7º de Géminis)
- el 11 de agosto (18º a 19º de Leo)
- el 24 de octubre (0º a 1º de Escorpio)
- el 3 de enero (12º a 13º de Capricornio)
- el 15 de marzo (24º a 25º de Piscis)

Rotación diaria de cada Ángel cada 20 minutos:

- desde las 22 a las 22, 20 horas después de la hora de salida del sol.

Enseñanzas y virtudes que proporciona:

Consuelo en las adversidades; adquisición de sabiduría; larga vida; ayuda en el estudio de las ciencias ocultas, la cábala, la astrología, la física y la filosofía; iluminación por el espíritu de Dios; descubrimiento de la verdad; dominio sobre los cambios; protección contra los sistemas erróneos, las equivocaciones y los prejuicios.

La esencia *Transubstanciación* significa convertir una sustancia en otra. El diccionario de la Real Academia nos dice que se trata de la Conversión de las sustancias del pan y del vino en el cuerpo y sangre de Jesucristo. Básicamente se trata de transferir la sabiduría y cualidades de Cristo a nuestro ser, para lo cual nos será de gran ayuda el estudio de todas las ciencias ocultas y espirituales, y principalmente la Astrología, ciencia que estudia las mezclas de unas sustancias con otras para, finalmente, conseguir una transformación en nuestra personalidad. La esencia de Eiael hará que suframos múltiples cambios hasta llegar a revestirnos, por así decirlo, de la personalidad crística.

El ángel contrario nos enseñará por medio del error, la equivocación y los prejuicios. Cuando se rechaza la verdad de Eiael, se pueden llegar a cometer toda clase de torpezas. Dominará el error en cualquier juicio, ya que los prejuicios actuarán a sus anchas y nos inclinarán hacia la equivocación en nuestras decisiones. Es posible que dichos prejuicios ya circulen por la sociedad y nos digamos: «como mucha gente opina así, esto seguramente constituye la verdad». Será entonces cuando nos convertiremos en promotores de un error, llevándolo a las escuelas y a todas las tribunas pedagógicas, y de comunicación, como la televisión los periódicos, internet, etc.

Labuiah

(Dios que ofrece con magnificencia)

Ángel n.º 68

Jerarquía: Ángeles, n.º 4

Esencia: Curación

Fecha aproximada de regencia y domicilio zodiacal:

- del 25 de febrero al 1 de marzo (exactamente de 5º a 10º de Piscis)

Rotación de cada Ángel grado a grado:

- el 29 de mayo (7º a 8º de Géminis)
- el 12 de agosto (19º a 20º de Leo)
- el 25 de octubre (1º a 2º de Escorpio)
- el 5 de enero (13º a 14º de Capricornio)
- el 16 de marzo (25º a 26º de Piscis)

Rotación diaria de cada Ángel cada 20 minutos:

- desde las 22,20 a las 22,40 horas después de la hora de salida del sol.

Enseñanzas y virtudes que proporciona:

Conservar la salud y curar las enfermedades; fecundidad en las mujeres, cosechas abundantes, amor por el campo, la agricultura y la jardinería; protege contra la esterilidad, las enfermedades y plagas del campo y el hambre.

La esencia *Curación* nos proporciona los principios de la conservación de la salud. La mala salud casi siempre viene por un desorden en nuestro mundo sentimental, por dejar que nuestros deseos campen a sus anchas haciendo caso omiso de la voz que procede de nuestro Yo Superior. A veces, incluso dándole la espalda. Habuiah nos proporciona las claves para mantener nuestro cuerpo emocional en equilibrio reajustando todos nuestros deseos a las normas divinas, lo cual desalojará la enfermedad de nuestros cuerpos. Esta esencia nos permitirá también llevar el equilibrio a todas las personas enfermas que se acerquen a nosotros, ya que veremos cuál es la causa que les produjo la enfermedad y les daremos los medios para poder erradicarlas.

El ángel contrario produce la enfermedad, la esterilidad y las plagas. En un cuerpo emocional en desequilibrio y no recibiendo como buenas las nuevas ideas del Yo Superior, las malas tendencias y las ideas antiguas se estancarán y causarán todo tipo de enfermedades y plagas en el interior, haciéndolo completamente estéril. Esta esterilidad se manifestará en el exterior en forma plagas y frutos podridos en los campos, que harán que sus cosechas sean completamente nulas, lo cual puede llegar a causar el hambre. Esta tendencia cambiará cuando el individuo entienda que debe poner en orden su mundo sentimental y ajustarlo al orden cósmico.

Habuiah te proporciona energía para conservar la salud y curar enfermedades

Te protegerá principalmente contra la esterilidad de los campos, enfermedades y plagas

Rochel

(Dios que todo lo ve)

Ángel n.º 69

Jerarquía: Ángeles, n.º 5

Esencia: Restitución

Fecha aproximada de regencia y domicilio zodiacal:

- Del 2 al 6 de marzo (exactamente de 10º a 15º de Piscis)

Rotación de cada Ángel grado a grado:

- El 30 de mayo (8º a 9º de Géminis)
- el 13 de agosto (20º a 21º de Leo)
- el 26 de octubre (2º a 3º de Escorpio)
- el 6 de enero (14º a 15º de Capricornio)
- el 17 de marzo (26º a 27º de Piscis)

Rotación diaria de cada Ángel cada 20 minutos:

- desde las 22,40 a las 23 horas después de la hora de salida del sol.

Enseñanzas y virtudes que proporciona:

Encontrar los objetos perdidos o robados y reconocer a la persona que los ha cogido; obtener renombre, fortuna, legados y donaciones; ser un buen magistrado, abogado, notario o juez y tener conocimiento de los usos y costumbres y las leyes de todos los pueblos; protege contra los jueces y abogados sin escrúpulos que causan la ruina a las familias y a los herederos legítimos.

La esencia *Restitución* hace que devolvamos a los demás aquello que legítimamente les pertenece, así como hará que los demás también nos lo devuelvan a nosotros. Lo legítimo es algo que nadie nos puede quitar, ya se trate de objetos, ideas, sentimientos…; aquello que ha sido trabajado por nosotros nadie podrá arrebatárnoslo y, si lo hacen, tarde o temprano tendrán que devolvérnoslo, y, tal vez, incluso con los intereses. Por eso los de Rochel serán los que encuentran a los ladrones y ejercerán de abogados, notarios o jueces, es decir, aquellas profesiones que tienen poder para restituir a sus defendidos aquello que otros les quitaron.

Rochel te ayuda a encontrar los objetos perdidos o robados y te devuelve lo que legítimamente te pertenece

El ángel contrario influirá sobre los abogados, notarios, jueces injustos, que, en lugar de defender lo legítimo, defienden lo injusto, es decir, a los ladrones y a los herederos ilegítimos, causando la ruina de quienes deberían ser los verdaderos beneficiarios de esos bienes. Pero ya sabemos que lo que se hace con el beneplácito de los ángeles del abismo, tarde o temprano, termina por destruirse y desaparecer del horizonte. En este caso, aunque disfrute de esos bienes por un tiempo, tal vez tenga que devolvérselos a las personas de quienes los recibió, a sus legítimos dueños, de una manera mucho más humillante. Será entonces cuando, si entiende bien el mensaje, empezará a desear sólo aquello que se merece en función de su propio trabajo, y no codiciará los bienes ajenos.

Te protegerá principalmente contra jueces y abogados sin escrúpulos

Tabamiah

(Verbo que produce todas las cosas)

Ángel n.º 70

Jerarquía: Ángeles, n.º 6

Esencia: Alquimia, Transmutación

Fecha aproximada de regencia y domicilio zodiacal:

- del 7 al 11 de marzo (exactamente de 15º a 20º de Piscis)

Rotación de cada Ángel grado a grado:

- el 31 de mayo (9º a 10º de Géminis)
- el 14 de agosto (21º a 22º de Leo)
- el 27 de octubre (3º a 4º de Escorpio)
- el 7 de enero (15º a 16º de Capricornio)
- el 18 de marzo (27º a 28º de Piscis)

Rotación diaria de cada Ángel cada 20 minutos:

- desde las 23 a las 23, 20 horas después de la hora de salida del sol.

Enseñanzas y virtudes que proporciona:

Fecundidad; protección a los que quieren regenerarse, regeneración de las naturalezas corrompidas (curación de drogadictos y alcohólicos), purificación; ser una de las primeras luces en filosofía; poderes paranormales; recuperación de las prerrogativas que Dios dio a la persona al crearlo; protección contra la proclamación de las doctrinas erróneas y el ateísmo.

La esencia *Alquimia, Transmutación* nos permitirá hacer una renovación de nuestras fuerzas interiores y exteriores. La principal idea de los alquimistas consistía en transformar los metales groseros en oro. Esta idea encierra un significado espiritual: transformar nuestro interior de tal forma que llegue a ser tan puro como el oro, o sea, las fuerzas que albergamos, y que nos hacen ser lo que somos, con una personalidad definida, con materiales de todo tipo (más o menos groseros o elevados), deben transformarse en algo puro y elevado. En otras palabras: debemos prepararnos para que las más elevadas y puras energías pueden habitar en nosotros. Esta transmutación se consigue, si uno está dispuesto, a través de Jabamiah.

El ángel contrario, mientras el de arriba busca el oro espiritual que transformará su interior, irá tras el oro físico para enriquecerse. La búsqueda de este oro le llevará a creer sólo en el mundo material y en sus placeres. Este materialismo, tarde o temprano, le llevará a renegar de toda creencia en algo superior y se convertirá en un ateo convencido, cuya doctrina proclamará a los cuatro vientos. Pero algún día caerá en la cuenta de que su doctrina es completamente errónea y tendrá que rectificar; pero para entonces tal vez se haya creado un pesado karma que tendrá que liquidar. Es posible que, en este sentido, tenga que ayudar a los que, en otro tiempo, convenció de su ateísmo.

El ángel de la resurrección de Monteverde, en Staglieno, 1882.

Anunciación. Guido di Pietro da Mugello.

Raiaiel

(Dios dueño del universo)

Ángel n.º 71

Jerarquía: Ángeles, n.º 7

Esencia: Discernimiento y Protección

Fecha aproximada de regencia y domicilio zodiacal:

- del 12 al 16 de marzo (exactamente de 20º a 25º de Piscis)

Rotación de cada Ángel grado a grado:

- el 1 de junio (10º a 11º de Géminis)
- el 15 de agosto (22º a 23º de Leo)
- el 28 de octubre (4º a 5º de Escorpio)
- el 8 de enero (16º a 17º de Capricornio)
- el 19 de marzo (28º a 29º de Piscis)

Rotación diaria de cada Ángel cada 20 minutos:

- desde las 23,20 a las 23,40 horas después de la hora de salida del sol.

Enseñanzas y virtudes que proporciona:

Confusión de los malvados y liberación de los que quieren oprimirnos; protección a todos los que recurren a él, les da la victoria y la paz; energía para la lucha cotidiana; distinciones por el valor, el talento y la actividad; discernimiento; protección contra la discordia y las tendencias a la traición.

La esencia *Discernimiento y Protección* serán las armas que Haiaiel nos entrega para nuestro combate diario. Simbólicamente estas armas están representadas por la espada (discernimiento) y el escudo (la protección). El discernimiento nos permitirá distinguir lo verdadero de lo falso en nuestra vida cotidiana y elegir siempre aquello que es mejor para nosotros y nuestro prójimo. Si utilizamos el discernimiento, estaremos siempre protegidos de todo mal y nuestros enemigos no podrán hacernos daño.

El ángel contrario nos incitará a la traición y a la mala elección y decisión errónea en nuestra vida cotidiana. La discordia se alojará en su interior y estará siempre discutiendo con él mismo y con sus compañeros de vida. Vivirá constantes contradicciones, siendo una cosa y la contraria. Será, por ejemplo el que predica una vida sana y, por otro lado, hace lo contrario: fuma, bebe, etc. Se dejará influir por tendencias que le incitarán a la traición de sus principios, sus costumbres, lo cual hará que su voluntad se alíe con una tendencia positiva y, después, lo haga con una negativa. Esta traición interna, al exteriorizarse, hará que los traidores aparezcan también en su vida cotidiana. Para poder librarse de esta forma de comportamiento, primero debe ser consciente de su origen, el cual seguramente tiene que ver con el discernimiento, con una mala elección. Será entonces cuando podrá empezar a corregirlo.

Haiaiel te proporciona discernimiento para poder distinguir lo verdadero de lo falso

Te protegerá principalmente contra la discordia y la traición

Mumiah

(Omega (fin de todas las cosas))

Ángel n.º 72

Jerarquía: Ángeles, n.º 8

Esencia: Renacer

Fecha aproximada de regencia y domicilio zodiacal:

- del 17 al 21 de marzo (exactamente de 25º a 30º de Piscis)

Rotación de cada Ángel grado a grado:

- el 2 de junio (11º a 12º de Géminis)
- el 16 de agosto (23º a 24º de Leo)
- el 29 de octubre (5º a 6º de Escorpio)
- el 8 de enero (17º a 18º de Capricornio)
- el 20 de marzo (29º a 30º de Piscis)

Rotación diaria de cada Ángel cada 20 minutos:

- desde las 23,40 a las 24 horas después de la hora de salida del sol.

Enseñanzas y virtudes que proporciona:

Protección en las operaciones misteriosas; lograr todas las cosas; conducir cada experiencia hasta su fin; distinción en la medicina, la física y la química; vida larga y buena salud; revelación de secretos que harán el bien a los niños de la Tierra; entusiasmo para ayudar a los pobres; protección contra la desesperación y las tendencias autodestructivas.

La esencia *Renacer* sitúa en nuestro interior la energía que pondrá fin a una etapa. Pero esta etapa que termina llevará las semillas de otro nuevo comienzo, de una nueva vida, así como la fruta, cuando está madura, contiene los gérmenes para una nueva floración. Esta esencia, por tanto, pondrá fin a un ciclo, pero la experiencia que ha aportado todo el ciclo servirá de iluminación para el ciclo siguiente. Con esta experiencia el individuo puede ver claramente donde ha fallado y dónde debe aplicar la medicina para recuperar el bienestar en sus vidas. De ahí que los influenciados por Mumiah sean grandes médicos y gocen de buena salud.

El ángel contrario causará el desespero y las tendencias autodestructivas. Si este ser del abismo domina la enseñanza en este punto hará que el fin de ciclo no lleve ninguna ilusión por el nuevo renacer que nos espera, nos dirá que detrás no hay nada, causando el desespero en nuestras vidas y, entonces, vendrán las ideas negativas de acabar con todo, incluyéndonos a nosotros mismos. Esa idea negativa puede materializarse haciendo que en el horizonte de nuestra vida no encontremos más que finales sin esperanza para nuevos principios. O sea, todo aquello que encontremos y que nos haga felices, desaparecerá muy pronto de nuestra existencia, dejándonos en peor estado del que nos encontrábamos. Para salir de este agujero es necesario acudir a Mumiah tanto como sea posible y pedirle que invierta esta negatividad, haciéndonos ver nuestros errores pasados para poder corregirlos.

VIII. LOS ÁNGELES DE LA GUARDA

Pues sus ángeles mandará acerca de ti,
que te guarden en todos tus caminos.
En las manos te llevarán, para que tu
pie no tropiece en piedra.

Salmo 91: 11

Cuando éramos pequeñitos, a la mayoría de los niños, nos enseñaron una oración muy sencilla a nuestro ángel de la guarda para pedirles diariamente la protección. Esta oración, por lo menos en mi caso, aún no me ha abandonado y, muchas veces, en momentos de peligro real, mi mente recurre a ella casi sin darme cuenta.

Ángel de la Guarda,
dulce compañía,
no me desampares
ni de noche ni de día.
No me dejes solo
que me perdería.

Los ángeles de la guarda son quizá los más populares y queridos por los seres humanos, ya que rara es la persona a quien no se le inculcó desde pequeñito la idea de un ángel que estará siempre a su lado y cuidará de él o ella durante toda su vida. También son numerosas las historias populares acerca de ellos. Para algunos, no tiene otra explicación que un bebé que caiga de un cuarto piso salga completamente ileso, o que un accidente mortal se libre sin ninguna consecuencia para los afectados. Multitud de historias cuentan cómo, mediante la intervención de un ángel guardián, han sido salvadas milagrosamente muchas personas que estaban abocadas a morir irremediablemente.

Pero ¿quiénes son estos seres y cuáles son exactamente sus funciones?

Básicamente, el ángel de la guarda es una entidad celestial que es designada a cada individuo desde su nacimiento para que le proteja, le saque de situaciones peligrosas por las que el individuo no debería pasar y le ayude en su desenvolvimiento espiritual durante toda la vida. Para muchos, estos ángeles representan también la voz de la conciencia que nos dice lo que está bien y lo que está mal en cada situación de nuestra vida.

Algunos autores consideran que los ángeles de la guarda son tres y están relacionados con los 72 ángeles de la Cábala. Otros creen que es solamente uno y no es ninguno de ellos.

Hay, además, quien opina que hay muchos seres en el plano espiritual, y en el físico, que pueden ser confundidos con un ángel guardián. Sería el caso, por ejemplo, de los familiares desencarnados, alguna especie de deva o espíritu de la Naturaleza y, desde el mundo de los vivos, cualquiera que haya alcanzado un estado de conciencia tal que le permita trabajar como *auxiliar invisible* durante el sueño. Estos últimos se presentarían a su protegido en su cuerpo-alma, en una especie de viaje astral, mientras su cuerpo físico está descansando durante la noche. Muchas de estas historias son recogidas en el libro *Protectores Invisibles,* de Leadbeater.

Auxiliar invisible

En algunos círculos esotéricos se dice que el ángel de la guarda no es ni más ni menos que un artificial [22], es decir, una entidad sin conciencia propia creada con las buenas acciones, pensamientos y sentimientos de cada ser humano. En este sentido, la voz que nos incita hacia el error provendría de otro artificial creado con las malas acciones, pensamientos y emociones. Sería algo parecido a la creación de un hábito, bueno o malo, que ejerce influencia en nosotros.

Por último, también hay quien cree que el ángel de la guarda no es ni más ni menos que nuestra propia alma o Yo Superior. De ahí su protección y su vocecita resonando en nuestra conciencia, porque ¿quién va a tener mayor interés en que hagamos las cosas bien sino nosotros mismos, o sea, nuestro ser real? Otra cosa es que nuestro yo físico le haga caso, pues sus intereses no son exactamente los mismos.

Descubrir a nuestros tres ángeles

---

[22] Se denominan así porque no se trata de seres vivos, sino de creaciones humanas. Cada deseo que los seres humanos emitimos crea una forma en el Mundo del Deseo. Si este deseo es emitido de manera continuada un día tras otro, esa forma llega a hacerse fuerte y a tener una vida propia en ese mundo.

Desde nuestro punto de vista, los 72 ángeles de la Cábala son los verdaderos ángeles guardianes de la Humanidad. Dios, para ayudarnos en nuestro desarrollo evolutivo, eligió, para cada uno de nosotros, a tres ángeles del elenco de los 72, uno para el cuerpo físico, otro para el cuerpo de deseos y otro para el cuerpo mental. Para saber cuáles son los que nos corresponden, podemos echar un vistazo al capítulo anterior. Nuestro ángel físico será el que coincida con la fecha de regencia y domicilio zodiacal; nuestro ángel emocional será el que coincida con la fecha del ángel por rotación grado a grado; y, por último, nuestro ángel mental será el que coincida con la fecha de rotación diaria cada 20 minutos.

Grupo angélico

Para saber exactamente quienes son el físico y el emocional, hemos de averiguar a qué grado tenemos el sol en nuestra carta astral, ya que la fecha a veces no se corresponde con el grado. Para descubrir cuál es nuestro ángel mental, hemos de averiguar cuánto tiempo había pasado desde la salida del sol de ese día hasta el minuto de nuestro nacimiento, ya que, como hemos podido ver en el capítulo precedente, cada ángel rige durante 20 minutos.

La forma de hacerlo es muy sencilla: si disponemos de una carta astral, sólo tendremos que mirar a qué grado se encontraba nuestro sol. Si no, podemos consultar también este dato en las Ephemerides astrológicas[23] y buscar la fecha de nuestro nacimiento. Para el ángel mental, tenemos que disponer de la hora en que salió el sol el día de nuestro nacimiento. Aquí tenemos que diferenciar si es solar u oficial, ya que la oficial puede estar adelantada con respecto a la solar. Si consultamos un calendario con la hora solar, como el zaragozano[24], al dato de nuestra hora de nacimiento, (que siempre será la oficial y que podremos obtener mediante la solicitud, en el Registro Civil de nuestra localidad, de una partida de nacimiento *literal*) tenemos que descontarle la hora u horas que íbamos adelantados. De esta forma, sincronizamos nuestra hora de nacimiento con la hora solar.

Un ejemplo: persona nacida en Madrid el día 12 de abril del año 1989 a las 9, 50 horas.

1º. Ángel Físico: vemos el grado del sol en la carta astral, o consultamos en unas Ephemerides astrológicas en qué signo y a qué grado estaba el día de nuestro nacimiento. En este ejemplo (ver la siguiente tabla), el día 12 el sol se encuentra a las 0 horas a 22º 03' de Aries, pero al hacer los cálculos para su hora de nacimiento (las 9.50 h.) vemos que en realidad está 22º 24' del signo de Aries. O sea, que el

---

²³ Se pueden encontrar en librerías especializadas.

²⁴ Actualmente también se puede consultar este dato en la página web: http://www. tutiempo.net/, en la sección de ASTRONOMÍA/CALENDARIO SOLAR (informarse bien de la forma de introducir los datos).

ángel que rige de 20º a 25º de Aries es el n.º 5, Mahasiah. Por tanto, Mahasiah es el ángel físico de esta persona.

ABRIL DE 1.989

Dia / Day	Tiempo Sideral T.S. (h m s)	☉	☽	☿	♀	♂	♃	♄	♅	♆	♇	☊ True
Sa 1	12 37 20	11 ♈ 14 24	00 ♒ 42 25	07 ♈ 32	10 ♈ 13	12 ♊ 37	03 ♊ 26	13 ♑ 32	05 ♑ 18	12 ♑ 20	14 ♏R 40	04 ♓ 18
Su 2	12 41 16	12 13 36	14 38 42	09 32	11 28	13 14	03 39	13 34	05 19	12 21	14 39	04 20
M 3	12 45 13	13 12 47	29 00 35	11 34	12 42	13 51	03 50	13 36	05 19	12 21	14 37	04 21
T 4	12 49 09	14 11 56	13 ♓ 45 51	13 36	13 57	14 28	04 01	13 38	05 19	12 21	14 36	04 R 21
W 5	12 53 06	15 11 03	28 49 22	15 39	15 11	15 05	04 13	13 40	05 20	12 22	14 35	04 18
Th 6	12 57 03	16 10 08	14 ♈ 03 04	17 43	16 26	15 41	04 24	13 42	05 20	12 22	14 33	04 15
F 7	13 00 59	17 09 11	29 16 55	19 47	17 40	16 18	04 36	13 43	05 20	12 22	14 32	04 09
Sa 8	13 04 56	18 08 12	14 ♉ 20 26	21 52	18 55	16 55	04 47	13 45	05 20	12 22	14 30	04 02
Su 9	13 08 52	19 07 11	29 04 27	23 58	20 09	17 32	04 59	13 46	05 20	12 23	14 29	03 55
M 10	13 12 49	20 06 07	13 ♊ 22 34	26 03	21 23	18 09	05 11	13 47	05 R 20	12 23	14 27	03 49
T 11	13 16 45	21 05 02	27 11 40	28 08	22 38	18 46	05 22	13 49	05 20	12 23	14 26	03 45
W 12	13 20 42	22 03 54	10 ♋ 31 46	00 ♉ 12	23 52	19 23	05 34	13 50	05 20	12 23	14 24	03 42
Th 13	13 24 38	23 02 44	23 25 19	02 16	25 06	20 00	05 46	13 51	05 20	12 23	14 23	03 D 42
F 14	13 28 35	24 01 31	05 ♌ 56 19	04 18	26 21	20 37	05 58	13 52	05 19	12 R 23	14 21	03 42
Sa 15	13 32 32	25 00 17	18 09 32	06 19	27 35	21 14	06 11	13 53	05 19	12 23	14 20	03 44
Su 16	13 36 28	25 59 00	00 ♍ 09 54	08 18	28 49	21 51	06 23	13 53	05 19	12 23	14 18	03 44
M 17	13 40 25	26 57 40	12 02 06	10 15	00 ♉ 03	22 28	06 35	13 54	05 19	12 23	14 17	03 R 44
T 18	13 44 21	27 56 19	23 50 21	12 09	01 18	23 05	06 47	13 54	05 18	12 23	14 15	03 42
W 19	13 48 18	28 54 55	05 ♎ 38 09	14 00	02 32	23 42	07 00	13 55	05 18	12 23	14 13	03 37
Th 20	13 52 14	29 53 30	17 28 20	15 49	03 46	24 19	07 12	13 55	05 17	12 22	14 12	03 30
F 21	13 56 11	00 ♉ 52 02	29 23 06	17 33	05 00	24 56	07 25	13 55	05 17	12 22	14 10	03 21
Sa 22	14 00 07	01 50 33	11 ♏ 24 04	19 14	06 14	25 33	07 37	13 56	05 16	12 22	14 09	03 10
Su 23	14 04 04	02 49 02	23 32 32	20 52	07 28	26 10	07 50	13 R 56	05 15	12 22	14 07	02 59
M 24	14 08 01	03 47 29	05 ♐ 49 39	22 25	08 43	26 47	08 03	13 56	05 15	12 21	14 05	02 48
T 25	14 11 57	04 45 55	18 16 41	23 54	09 57	27 25	08 15	13 55	05 14	12 21	14 04	02 39
W 26	14 15 54	05 44 18	00 ♑ 55 12	25 18	11 11	28 02	08 28	13 55	05 13	12 21	14 02	02 32
Th 27	14 19 50	06 42 41	13 47 09	26 38	12 25	28 39	08 41	13 55	05 12	12 20	14 00	02 27
F 28	14 23 47	07 41 01	26 54 50	27 54	13 39	29 16	08 54	13 54	05 11	12 20	13 59	02 25
Sa 29	14 27 43	08 39 20	10 ♒ 20 43	29 05	14 53	29 53	09 07	13 54	05 10	12 19	13 57	02 D 24
Su 30	14 31 40	09 ♉ 37 38	24 ♒ 06 57	00 ♊ 11	16 ♉ 07	00 ♋ 30	09 ♊ 20	13 ♑R 53	05 ♑R 09	12 ♑R 19	13 ♏R 55	02 ♓ 25

Tabla nº 3.- Ephemerides astrológicas de abril de 1989.

2º. Ángel Emocional: buscamos el ángel que rige de 22º a 23º de Aries, que es el intervalo en el que se encuentra el sol de la persona del ejemplo (22º 24' de Aries, o sea, de 22º a 23º). Encontramos que el ángel que cumple este requisito es el n.º 23, Melahel. Así, pues, éste será su ángel emocional.

3º. Ángel Mental: si tenemos en cuenta que esta persona nació a las 9,50, hora oficial, y que en aquel momento (12 de abril de 1989) los relojes iban adelantados dos horas, llegaremos a la conclusión de que nació exactamente a las 7,50 horas solar. Ahora buscamos el dato de la hora de salida del sol ese mismo día, y encontramos que fue a las 5, 41 h. Restamos a la hora de nacimiento la hora de salida del sol. O sea: 7h 50m – 5h 41m = 2h 9m. Con este dato buscamos ya en la siguiente tabla al ángel que rige durante ese periodo de tiempo, es decir, a las 2 horas y 9 minutos después de la salida del sol, y encontramos que el ángel n.º 7, Achaiah, es el que rige desde las 2 a las 2,

20 h después de la salida del Sol. Por tanto, Achaiah es el ángel mental de esta persona. Nótese que este dato debe ser bastante exacto, ya que cada ángel, en la rotación diaria, sólo rige durante 20 minutos.

En la siguiente tabla se puede encontrar de forma rápida cuál es cada uno de nuestros ángeles: físico, emocional y mental:

Nº	Nombre	Ángel Físico	Ángel Emocional	Ángel Mental
1	Vehuiah	del 21 al 25 de marzo (25º a 30º de Piscis)	el 21 de marzo (0º a 1º de Aries) el 3 de junio (12º a 13º de Géminis) el 17 de agosto (24º a 25º de Leo) el 31 de octubre (6º a 7º de Escor.) el 9 de enero (18º a 19º de Capric.)	0 a las 0, 20 horas después de la hora de salida del sol
2	Jeliel	26 al 30 de marzo (de 5º a 10º de Aries)	el 22 de marzo (1º a 2º de Aries) el 4 de junio (13º a 14º de Géminis) el 18 de agosto (25º a 26º de Leo) el 31 de octubre (7º a 8º de Escor.) el 10 de enero (19º a 20º de Capric.	0,20 a las 0,40 horas después de la hora de salida del sol
3	Sitael	31 de marzo al 4 de abril (de 10º a 15º de Aries)	el 23 de marzo (2º a 3º de Aries) el 5 de junio (14º a 15º de Géminis) el 19 de agosto (26º a 27º de Leo) el 2 de nov. (8º a 9º de Escor.) el 11 de enero (20º a 21º de Capric.)	0,40 a las 1 horas después de la hora de salida del sol
4	Elemiah	5 al 9 de abril (exactamente de 15º a 20º de Aries)	el 24 de marzo (3º a 4º de Aries) el 6 de junio (15º a 16º de Géminis) el 20 de agosto (27º a 28º de Leo) el 3 de nov. (9º a 10º de Escor.) el 12 de enero (21º a 22º de Capric.)	1 a 1,20 las horas después de la hora de salida del sol
5	Maha-siah	10 al 15 de abril (exactamente de 20º a 25º de Aries)	el 25 de marzo (4 a 5 de Aries) el 7 de junio (16º a 17º de Géminis) el 21 de agosto (28º a 29º de Leo) el 4 de nov. (10º a 11º de Escor.) el 13 de enero (22º a 23º de Capric.)	1,20 a las 1,40 horas después de la hora de salida del sol

6	Lelahel	15 al 20 de abril (exactamente de 25º a 30º de Aries)	el 26 de marzo (5 a 6 de Aries) el 8 de junio (17º a 18º de Géminis) el 22/23 de agosto (29º a 30º de Leo) el 4 de nov. (11º a 12º de Escor.) el 14 de enero (23º a 24º de Capric.)	1,40 a las 2 horas después de la hora de salida del sol
7	Achaiah	21 al 25 de abril (exactamente de 0º a 5º de Tauro)	el 27 de marzo (6 a 7 de Aries) el 9 de junio (18º a 19º de Géminis) el 24 de agosto (0º a 1º de Virgo) el 5 de nov. (12º a 13º de Escor.) el 15 de enero (24º a 25º de Capric.)	2 a las 2,20 horas después de la hora de salida del sol
8	Cahetel	25 al 30 de abril (exactamente de 5º a 10º de Tauro)	el 28 de marzo (7º a 8º de Aries) el 10 de junio (19º a 20º de Géminis) el 25 de agosto (1º a 2º de Virgo) el 6 de nov. (13º a 14º de Escor.) el 16 de enero (25º a 26º de Capric.)	2,20 a las 2,40 horas después de la hora de salida del sol
9	Haziel	del 1 al 5 de mayo (exactamente de 10º a 15º de Tauro)	el 29 de marzo (8º a 9º de Aries) el 11/12 de junio (20º a 21º de Géminis) el 26 de agosto (2º a 3º de Virgo) el 7 de nov. (14º a 15º de Escor.) el 17 de enero (26º a 27º de Capric.)	2,40 a las 3 horas después de la hora de salida del sol
10	Aladiah	6 al 11 de mayo (exactamente de 15º a 20º de Tauro)	el 30 de marzo (9º a 10º de Aries) el 13 de junio (21º a 22º de Géminis) el 27 de agosto (3º a 4º de Virgo) el 8 de nov. (15 a 16 de Escor.) el 17 de enero (27 a 28 de Capric.)	3 a las 3,20 horas después de la hora de salida del sol
11	Lauviah	12 al 16 de mayo (exactamente de 20º a 25º de Tauro)	el 31 de marzo (10º a 11º de Aries) el 14 de junio (22º a 23º de Géminis) el 28 de agosto (4º a 5º de Virgo) el 9 de nov. (16 a 17 de Escor.) el 18 de enero (28 a 29 de Capric.)	3,20 a las 3,40 horas después de la hora de salida del sol
12	Hahaiah	17 al 21 de mayo (exactamente de 25º a 30º de Tauro)	el 1 de abril (11º a 12º de Aries) el 15 de junio (23º a 24º de Géminis) el 29 de agosto (5º a 6º de Virgo) el 10 de nov. (17 a 18 de Escor.) el 19 de enero (29 a 30 de Capric.)	3,40 a las 4 horas después de la hora de salida del sol

13	Iezalel	22 al 26 de mayo aprox. (exactamente de 0° a 5° de Géminis)	el 2 de abril (12° a 13° de Aries) el 16 de junio (24° a 25° de Géminis) el 30 de agosto (6° a 7° de Virgo) el 11 de nov. (18 a 19 de Escor.) el 20 de enero (0 a 1° de Acuario)	4 a las 4,20 horas después de la hora de salida del sol
14	Mebahel	27 al 31de mayo (exactamente de 5° a 10° de Géminis)	el 3 de abril (13° a 14° de Aries) el 17 de junio (25° a 26° de Géminis) el 31 de agosto (7° a 8° de Virgo) el 12 de nov. (19 a 20 de Escor.) el 21 de enero (1 a 2° de Acuario)	4,20 a las 4,40 horas después de la hora de salida del sol
15	Hariel	1 al 6 de junio (exactamente de 10° a 15° de Géminis)	el 4 de abril (14° a 15° de Aries) el 18 de junio (26° a 27° de Géminis) el 1 de sep. (8° a 9° de Virgo) el 13 de nov. (20° a 21° de Escor.) el 22 de enero (2° a 3° de Acuario)	4,40 a las 5 horas después de la hora de salida del sol
16	Hekamiah	7 al 11 de junio (exactamente de 15° a 20° de Géminis)	el 5 de abril (15° a 16° de Aries) el 19 de junio (27° a 28° de Géminis) el 2 de sep. (9° a 10° de Virgo) el 14 de nov. (21° a 22° de Escor.) el 23 de enero (3° a 4° de Acuario)	5 a las 5,20 horas después de la hora de salida del sol
17	Lauviah	12 al 16 (exactamente de 20° a 25° de Géminis)	el 6 de abril (16° a 17° de Aries)el 20 de junio (28° a 29° de Géminis) el 3 de sep. (10° a 11° de Virgo) el 15 de nov. (22° a 23° de Escor.) el 24 de enero (4° a 5° de Acuario)	5,20 a las 5,40 horas después de la hora de salida del sol
18	Caliel	17 al 21 de junio (exactamente de 25° a 30° de Géminis)	el 7 de abril (17° a 18° de Aries) el 21 de junio (29° a 30° de Géminis) el 4 de sep. (11° a 12° de Virgo) el 16 de nov. (23° a 24° de Escor.) el 25 de enero (5° a 6° de Acuario)	5,40 a las 6 horas después de la hora de salida del sol
19	Leuviah	22 al 27 de junio (exactamente de 0° a 5° de Cáncer	el 8 de abril (18° a 19° de Aries) el 22 de junio (de 0° a 1° de Cáncer) el 5 de sep. (de 12° a 13° de Virgo) el 17 de nov. (de 24 a 25° de Escor..) el 27 de enero (de 6° a 7° de Acuario)	6 a las 6,20 horas después de la hora de salida del sol

20	Pahaliah	28 de junio al 2 de julio (exactamente de 5º a 10º de Cáncer)	el 9 de abril (19º a 20º de Aries) el 23 de junio (de 1º a 2º de Cáncer) el 6 de sep. (de 13º a 14º de Virgo) el 18 de nov. (de 25º a 26º de Escor..) el 28 de enero (de 7º a 8º de Acuario)	6,20 a las 6,40 horas después de la hora de salida del sol
21	Nelchael	3 al 7 de julio (exactamente de 10º a 15º de Cáncer)	el 10 de abril (20º a 21º de Aries) el 24 de junio (de 2º a 3º de Cáncer) el 7 de sep. (de 14º a 15º de Virgo) el 19 de nov. (de 26º a 27º de Escor.) el 29 de enero (8º a 9º de Acuario)	6,40 a las 7 horas después de la hora de salida del sol
22	Ieiaiel	8 al 12 de julio (exactamente del 15º al 20º de Cáncer)	el 12 de abril (21º a 22º de Aries) el 25 de junio (3º a 4º de Cáncer) el 8 de sep. (15º a 16º de Virgo) el 20 de nov. (27º a 28º de Escor.) el 30 de enero (9º a 10º de Acuario)	7 a las 7,20 horas después de la hora de salida del sol
23	Melahel	13 al 18 de julio (exactamente del º20 al 25º de Cáncer)	el 13 de abril (22º a 23º de Aries) el 26 de junio (4º a 5º de Cáncer) el 9 de sep. (16º a 17º de Virgo) el 21 de nov. (28º a 29º de Escor.) el 31 de enero (10º a 11º de Acuario)	7,20 a las 7,40 horas después de la hora de salida del sol
24	Ha-heuiah	19 al 23 de julio (exactamente del º25 al 30º de Cáncer)	el 14 de abril (23º a 24º de Aries) el 27 de junio (5º a 6º de Cáncer) el 10 de sep. (17º a 18º de Virgo) el 22 de nov. (29º a 30º de Escor.) el 1 de febrero (11º a 12º de Acuario)	7,40 a las 8 horas después de la hora de salida del sol
25	(Nith-Haiah	24 al 28 de julio (exactamente del 0º al 5º de Leo)	el 15 de abril (24º a 25º de Aries) el 28 de junio (6º a 7º de Cáncer) el 12 de sep. (18º a 19º de Virgo) el 23 de nov. (0º a 1º de Sagitario) el 2 de febrero (12º a 13º de Acuario)	8 a las 8,20 horas después de la hora de salida del sol
26	Haaiah	29 de julio al 2 de agosto (exactamente del 5º al 10º de Leo)	el 16 de abril (25º a 26º de Aries) el 29 de junio (7º a 8º de Cáncer) el 13 de sep. (19º a 20º de Virgo) el 24 de nov. (1º a 2º de Sagitario) el 3 de febrero (13º a 14º de Acuario)	8,20 a las 8,40 horas después de la hora de salida del sol

27	Ierathel	3 al 7 de agosto (exactamente del 10º al 15º de Leo)	el 17 de abril (26º a 27º de Aries) el 30 de junio (8º a 9º de Cáncer) el 14 de sep. (20º a 21º de Virgo) el 25 de nov. (2º a 3º de Sagitario) el 4 de febrero (14º a 15º de Acuario)	8,40 a las 9 horas después de la hora de salida del sol
28	Seheiah	8 al 13 de agosto (exactamente del 15º al 20º de Leo)	el 18 de abril (27º a 28º de Aries) el 2 de julio (9º a 10º de Cáncer) el 15 de sep. (21º a 22º de Virgo) el 26 de nov. (3º a 4º de Sagitario) el 5 de febrero (15º a 16º de Acuario)	9 a las 9,20 horas después de la hora de salida del sol
29	Reiyel	14 al 18 de agosto (exactamente del 20º al 25º de Leo)	el 19 de abril (28º a 29º de Aries) el 3 de julio (10º a 11º de Cáncer) el 16 de sep. (22º a 23º de Virgo) el 27 de nov. (4º a 5º de Sagitario) el 6 de febrero (16º a 17º de Acuario)	9,20 a las 9,40 horas después de la hora de salida del sol
30	Omael	19 al 23 de agosto (exactamente del 25º al 30º de Leo)	el 20 de abril (29º a 30º de Aries) el 4 de julio (11º a 12º de Cáncer) el 17 de sep. (23º a 24º de Virgo) el 28 de nov. (5º a 6º de Sagitario) el 7 de febrero (17º a 18º de Acuario)	9,40 a las 10 horas después de la hora de salida del sol
31	Lecabel	24 al 28 de agosto (exactamente de 0º a 5º de Virgo)	el 21 de abril (0º a 1º de Tauro) el 5 de julio (12º a 13º de Cáncer) el 18 de sep. (24º a 25 de Virgo) el 29 de nov. (6 a 7 de Sagitario) el 8 de febrero (18º a 19º de Acuario)	10 a las 10,20 horas después de la hora de salida del sol
32	Vasariah	29 de agosto al 2 de septiembre (exactamente de 5º a 10º de Virgo)	el 22 de abril (1º a 2º de Tauro) el 6 de julio (13º a 14º de Cáncer) el 19 de sep. (25º a 26º de Virgo) el 30 de nov. (7º a 8º de Sagitario) el 9 de febrero (19 a 20 de Acuario)	10,20 a las 10,40 horas después de la hora de salida del sol
33	Iehuiah	3 al 8 de sept. (10º a 15º de Virgo exactamente)	el 23 de abril (de 2 a 3 de Tauro el 7 de julio (14º a 15 de Cáncer) el 20 de sep. (26º a 27º de Virgo) el 1 de dic. (8º a 9º de Sagitario) el 10 de febrero (20 a 21 de Acuario)	10,40 a las 11 horas después de la hora de salida del sol

34	Lehahiah	9 al 13 de septiembre aprox. (exactamente de 15º a 20º de Virgo)	el 24 de abril (3º a 4º de Tauro) el 8 de julio (15º a 16º de Cáncer) el 21 de sep. (27º a 28º de Virgo) el 2 de dic. (9º a 10º de Sagitario) el 11 de febrero (21º a 22º de Acuario)	11 a las 11,20 horas después de la hora de salida del sol
35	Chava-kiah	14 al 18 de septiembre (exactamente de 20º a 25º de Virgo)	el 25 de abril (4º a 5º de Tauro) el 9 de julio (16 a 17º de Cáncer) el 22 de sep. (28º a 29º de Virgo) el 3 de dic. (10º a 11º de Sagitario) el 12 de febrero (de 22º a 23 de Ac.)	11,20 a las 11,40 horas después de la hora de salida del sol
36	Menadel	19 al 23 de sep. (exactamente de 25 a 30º de Virgo)	el 26 de abril (5º a 6º de Tauro) el 10 de julio (17 a 18º de Cáncer) el 23 de sep. (29º a 30º de Virgo) el 4 de dic. (11º a 12º de Sagitario) el 13 de febrero (de 23º a 24º de Ac.)	11,40 a las 12 horas después de la hora de salida del sol
37	Aniel	24 al 28 de septiembre (exactamente de 0º a 5º de Libra)	el 7 de abril (6º a 7º de Tauro) el 11 de julio (18 a 19º de Cáncer) el 24 de sep. (0º a 1º de Libra) el 5 de dic. (12º a 13º de Sagitario) el 14 de febrero (24º a 25º de Acuario)	12 a las 12,20 horas después de la hora de salida del sol
38	Haamiah	29 de septiembre al 3 de octubre (exactamente del 5º a 10 de Libra)	el 28 de abril (7º a 8º de Tauro) el 12 de julio (19º a 20 de Cáncer) el 25 de sep. (1º a 2º de Libra) el 6 de dic. (13º a 14º de Sagitario) el 14 de febrero (25º a 26º de Ac.)	12,20 a las 12,40 horas después de la hora de salida del sol
39	Rehael	4 al 8 de octubre (exactamente de 10º a 15º de Libra)	El 29 de abril (8º a 9º de Tauro) el 13 de julio (20º a 21º de Cáncer) el 26 de sep. (2º a 3º de Libra) el 7 de dic. (14º a 15º de Sagitario) el 15 de febrero (26º a 27 de Acuario)	12,40 a las 13 horas después de la hora de salida del sol
40	Ieiaiel	9 al 13 de octubre (exactamente de 15º a 20 de Libra)	el 30 de abril (9º a 10º de Tauro) el 14 de julio (21º a 22º de Cáncer) el 27 de sep. (3º a 4º de Libra) el 8 de dic. (15º a 16º de Sagitario) el 16 de febrero (27º a 28º de Ac.)	13 a las 13,20 horas después de la hora de salida del sol

41	Hahahel	14 al 18 de octubre (exactamente de 20 a 25 de Libra)	el 1 de mayo (10º a 11º de Tauro) el 15 de julio (22º a 23º de Cáncer) el 28 de sep. (4º a 5º de Libra) el 9 de dic. (16 a 17º de Sagitario) el 17 de febrero (28º a 29 de Ac.)	13,20 a las 13,40 horas después de la hora de salida del sol
42	Mikael	19 al 23 de octubre (exactamente de 25 a 30º de Libra)	el 2 de mayo (11º a 12º de Tauro) el 16 de julio (23º a 24º de Cáncer) el 29 de sep. (5º a 6º de Libra) el 10 de dic. (17 a 18º de Sagitario) el 18 de febrero (29º a 30º de Acuario)	13,40 a las 14 horas después de la hora de salida del sol
43	Veuliah	24 al 28 de octubre (exactamente de 0º a 5º de Escorpio)	el 3 de mayo (12º a 13º de Tauro) el 17 de julio (24º a 25º de Cáncer) el 30 de sep. (6º a 7º de Libra) el 11 de dic. (18 a 19º de Sagitario) el 19 de febrero (0º a 1º de Piscis)	14 a las 14,20 horas después de la hora de salida del sol
44	Ieialiah	29 de octubre al 2 de noviembre (exactamente de 5º a 10º de Escorpio)	el 4 de mayo (13º a 14º de Tauro) el 18 de julio (25º a 26º de Cáncer) el 1 de octubre (7º a 8º de Libra) el 12 de dic. (19 a 20º de Sagitario) el 20 de febrero (1º a 2º de Piscis)	14,20 a las 14,40 horas después de la hora de salida del sol
45	Sealiah	3 al 7 de noviembre (exactamente de 10º a 15º de Escorpio)	el 5 de mayo (14º a 15º de Tauro) el 19 de julio (26º a 27º de Cáncer) el 2 de octubre (8º a 9º de Libra) el 13 de dic. (20 a 21º de Sagitario) el 21 de febrero (2º a 3º de Piscis)	14,40 a las 15 horas después de la hora de salida del sol
46	Ariel	8 al 12 de noviembre (exactamente de 15º a 20º de Escorpio)	el 6 de mayo (15º a 16º de Tauro) el 20 de julio (27º a 28º de Cáncer) el 3 de octubre (9º a 10º de Libra) el 14 de dic. (21 a 22º de Sagitario) el 22 de febrero (3º a 4º de Piscis)	15 a las 15,20 horas después de la hora de salida del sol
47	Asaliah	13 al 17 de noviembre (exactamente de 20º a 25º de Escorpio)	el 7 de mayo (16º a 17º de Tauro) el 21 de julio (28º a 29º de Cáncer) el 4 de octubre (10º a 11º de Libra) el 15 de dic. (22 a 23º de Sagitario) el 23 de febrero (4º a 5º de Piscis)	15,20 a las 15,40 horas después de la hora de salida del sol

48	Mihael	18 al 22 de noviembre (exactamente de 25º a 30º de Escorpio)	el 8 de mayo (17º a 18º de Tauro) el 22/23 de julio (29º a 30º de Cáncer) el 5 de octubre (11º a 12º de Libra) el 16 de dic. (23 a 24º de Sagitario) el 24 de febrero (5º a 6º de Piscis)	15,40 a las 16 horas después de la hora de salida del sol
49	Vehuel	23 al 27 de noviembre (exactamente de 0º a 5º de Sagitario)	el 9 de mayo (18º a 19º de Tauro) el 24 de julio (0º a 1º de Leo) el 6 de octubre (12º a 13º de Libra) el 17 de dic. (24 a 25º de Sagitario) el 25 de febrero (6º a 7º de Piscis)	16 a las 16,20 horas después de la hora de salida del sol
50	Daniel	28 de noviembre al 2 de diciembre (exactamente de 5º a 10º de Sagitario)	el 10 de mayo (19º a 20º de Tauro) el 25 de julio (1º a 2º de Leo) el 7 de octubre (13º a 14º de Libra) el 18 de dic. (25 a 26º de Sagitario) el 26 de febrero (7º a 8º de Piscis)	16,20 a las 16,40 horas después de la hora de salida del sol
51	Hahasiah	3 al 7 de diciembre (exactamente de 10º a 15º de Sagitario)	el 11 de mayo (20º a 21º de Tauro) el 26 de julio (2º a 3º de Leo) el 8 de octubre (14º a 15º de Libra) el 19 de dic. (26 a 27º de Sagitario) el 27 de febrero (8º a 9º de Piscis)	16,40 a las 17 horas después de la hora de salida del sol
52	Imamiah	8 al 12 de diciembre (exactamente de 15º a 20º de Sagitario)	el 12 de mayo (21º a 22º de Tauro) el 27 de julio (3º a 4º de Leo) el 9 de octubre (15º a 16º de Libra) el 20 de dic. (27 a 28º de Sagitario) el 28 de febrero (9º a 10º de Piscis)	17 a las 17,20 horas después de la hora de salida del sol
53	Nanael	13 al 17 de diciembre (exactamente de 20º a 25º de Sagitario)	el 14 de mayo (22º a 23º de Tauro) el 28 de julio (4º a 5º de Leo) el 10 de octubre (16º a 17º de Libra) el 21 de dic. (28 a 29º de Sagitario) el 1 de marzo (10º a 11º de Piscis)	17,20 a las 17,40 horas después de la hora de salida del sol
54	Nithael	18 al 22 de diciembre (exactamente de 25º a 30º de Sagitario)	el 15 de mayo (23º a 24º de Tauro) el 29 de julio (5º a 6º de Leo) el 11 de octubre (17 a 18º de Libra) el 22 de dic. (29 a 30º de Sagitario) el 2 de marzo (11º a 12º de Piscis)	17,40 a las 18 horas después de la hora de salida del sol

55	Me-bahiah	23 al 27 de diciembre (exactamente de 0º a 5º de Capricornio)	el 16 de mayo (24º a 25º de Tauro) el 30 de julio (6º a 7º de Leo) el 12 de octubre (18º a 19º de Libra) el 23 de dic. (0º a 1º de Capric.) el 3 de marzo (12º a 13º de Piscis)	18 a las 18,20 horas después de la hora de salida del sol
56	Poyel	28 al 31 de diciembre (exactamente de 5º a 10º de Capricornio)	el 17 de mayo (25º a 26º de Tauro) el 31 de julio (7º a 8º de Leo) el 13 de octubre (19º a 20º de Libra) el 24 de dic. (1º a 2º de Capric.) el 4 de marzo (13º a 14º de Piscis)	18,20 a las 18,40 horas después de la hora de salida del sol
57	Rehael	1 al 5 de enero (exactamente de 10º a 15º de Capricornio)	el 18 de mayo (26º a 27º de Tauro) el 1 de agosto (8º a 9º de Leo) el 14 de octubre (20º a 21º de Libra) el 25 de dic. (2º a 3º de Capric.) el 5 de marzo (14º a 15º de Piscis)	18,20 a las 18,40 horas después de la hora de salida del sol
58	Ieialel	6 al 10 de enero (exactamente de 15º a 20º de Capricornio)	el 19 de mayo (27º a 28º de Tauro) el 2 de agosto (9º a 10º de Leo) el 15 de octubre (21º a 22º de Libra) el 26 de dic. (3º a 4º de Capric.) el 6 de marzo (15º a 16º de Piscis)	18,20 a las 18,40 horas después de la hora de salida del sol
59	Harahel	11 al 15 de enero (exactamente de 20º a 25º de Capricornio)	el 20 de mayo (28º a 29º de Tauro) el 3 de agosto (10º a 11º de Leo) el 16 de octubre (22º a 23º de Libra) el 27 de dic. (4º a 5º de Capric.) el 7 de marzo (16º a 17º de Piscis)	18,40 a las 19 horas después de la hora de salida del sol
60	Mitzrael	16 al 20 de enero (exactamente de 25º a 30º de Capricornio)	el 21 de mayo (29º a 30º de Tauro) el 4 de agosto (11º a 12º de Leo) el 17 de octubre (23º a 24º de Libra) el 28 de dic. (5º a 6º de Capric.) el 8 de marzo (17º a 18º de Piscis)	19,40 a las 20 horas después de la hora de salida del sol
61	Umabel	21 al 25 de enero (exactamente de 0º a 5º de Acuario)	el 22 de mayo (0º a 1º de Géminis) el 5 de agosto (12º a 13º de Leo) el 18 de octubre (24 a 25º de Libra) el 29 de dic. (6º a 7º de Capric.) el 9 de marzo (18º a 19º de Piscis)	20 a las 20,20 horas después de la hora de salida del sol

62	Iah-Hel	26 al 30 de enero (exactamente de 5º a 10º de Acuario)	el 23 de mayo (1º a 2º de Géminis) el 6 de agosto (13º a 14º de Leo) el 19 de octubre (25 a 26º de Libra) el 30 de dic. (7º a 8º de Capric.) el 10 de marzo (19º a 20º de Piscis)	20,20 a las 20,40 horas después de la hora de salida del sol
63	Sealiah	31de enero al 4 de febrero (exactamente de 10º a 15º de Acuario)	el 24 de mayo (2º a 3º de Géminis) el 7 de agosto (14º a 15º de Leo) el 20 de octubre (26 a 27º de Libra) el 31 de dic. (8º a 9º de Capric.) el 11 de marzo (20º a 21º de Piscis)	20,40 a las 21 horas después de la hora de salida del sol
64	Mehiel	5 de enero al 9 de febrero (exactamente de 15º a 20º de Acuario)	el 25 de mayo (3º a 4º de Géminis) el 8 de agosto (15º a 16º de Leo) el 21 de octubre (27 a 28º de Libra) el 1 de enero (9º a 10º de Capric.) el 12 de marzo (21º a 22º de Piscis)	21 a las 21,20 horas después de la hora de salida del sol
65	Damabiah	10 de enero al 14 de febrero (exactamente de 20º a 25º de Acuario)	el 26 de mayo (4º a 5º de Géminis) el 9 de agosto (16º a 17º de Leo) el 22 de octubre (28 a 29º de Libra) el 2 de enero (10º a 11º de Capric.) el 13 de marzo (22º a 23º de Piscis)	21,20 a las 21,40 horas después de la hora de salida del sol
66	Manakel	15 de enero al 19 de febrero (exactamente de 25º a 30º de Acuario)	el 27 de mayo (5º a 6º de Géminis) el 10 de agosto (17º a 18º de Leo) el 23 de octubre (29 a 30º de Libra) el 3 de enero (11º a 12º de Capric.) el 14 de marzo (23º a 24º de Piscis)	21,40 a las 22 horas después de la hora de salida del sol
67	Eiael	20 de enero al 24 de febrero (exactamente de 0º a 5º de Piscis)	El 28 de mayo (6º a 7º de Géminis) el 11 de agosto (18º a 19º de Leo) el 24 de octubre (0º a 1º de Escor.) el 3 de enero (12º a 13º de Capric..) el 15 de marzo (24º a 25º de Piscis)	22 a las 22,20 horas después de la hora de salida del sol
68	Habuhiah	25 de febrero al 1 de marzo (exactamente de 5º a 10º de Piscis)	el 29 de mayo (7º a 8º de Géminis) el 12 de agosto (19º a 20º de Leo) el 25 de octubre (1º a 2º de Escor..) el 5 de enero (13º a 14º de Capric..) el 16 de marzo (25º a 26º de Piscis)	22,20 a las 22,40 horas después de la hora de salida del sol

69	Rochel	2 al 6 de Mar (exactamente de 10º a 15º de Piscis)	El 30 de mayo (8º a 9º de Géminis) el 13 de agosto (20º a 21º de Leo) el 26 de octubre (2º a 3º de Escor..) el 6 de enero (14º a 15º de Capric..) el 17 de marzo (26º a 27º de Piscis)	22,40 a las 23 horas despúes de la hora de salida del sol
70	Jaba-miah	7 al 11 de Mar (exactamente de 15º a 20º de Piscis)	el 31 de mayo (9º a 10º de Géminis) el 14 de agosto (21º a 22º de Leo) el 27 de octubre (3º a 4º de Escor..) el 7 de enero (15º a 16º de Capric..) el 18 de marzo (27º a 28º de Piscis)	23 a las 23,20 horas despúes de la hora de salida del sol
71	Haiaiel	12 al 16 de Mar (exactamente de 20º a 25º de Piscis)	el 1 de junio (10º a 11º de Géminis) el 15 de agosto (22º a 23º de Leo) el 28 de octubre (4º a 5º de Escor..) el 8 de enero (16º a 17º de Capric..) el 19 de marzo (28º a 29º de Piscis)	las 23,20 a las 23,40 horas despúes de la hora de salida del sol
72	Mumiah	17 al 21 de marzo (exactamente de 25º a 30º de Piscis)	el 2 de junio (11º a 12º de Géminis) el 16 de agosto (23º a 24º de Leo) el 29 de octubre (5º a 6º de Escor..) el 8 de enero (17º a 18º de Capric..) el 20 de marzo (29º a 30º de Piscis)	23,40 a las 24 horas despúes de la hora de salida del sol

Tabla nº 4

IX. El TRABAJO ANGÉLICO Y HUMANO

En los capítulos precedentes hemos visto cómo el universo oculto está poblado por miles y miles de ángeles, distribuidos en distintas jerarquías.

Hay ángeles que son especialistas en la estructuración de las formas a través del éter (sustancia que es invisible al ojo humano). Según Beltrán Anglada, este tipo de ángeles crean todas las formas que existen en el Universo mediante un proceso de sustanciación del éter, o sea, transforman la energía etérica en materia física. Se puede decir, por tanto, que la materia existe gracias a una condensación de la energía que realiza esta especie de ángeles.

Los conocidos como Ángeles del Destino, trabajan en la búsqueda de unos padres físicos para el futuro ser que va a encarnar en la Tierra en un cuerpo físico. Esta tarea es bastante complicada, ya que no se trata de encontrar unos padres y ya está, sino que tienen que realizar una ardua labor basándose en el pasado kármico del reencarnante. Desde que se proyecta el nacimiento de un nuevo ser hasta su realización práctica en el mundo material hay, por tanto, toda una preparación que lleva muchísimo trabajo, ya que deben coincidir todos los elementos necesarios para que ese ser pueda encontrar el medioambiente adecuado para su desarrollo. Por tanto, cada vez que alguien aborta, no solamente está truncando una vida física, sino que está echando por tierra un importantísimo desarrollo evolutivo del alma que debía reencarnar, y que, debido a ello, todo este trabajo quedará nulo y tendrá que esperar otra oportunidad cósmica semejante, lo que, sin duda, retrasará su evolución espiritual.

Alegoría de la pintura. François Boucher.

Hay otros ángeles que, cuando todo este trabajo de preparación ha sido realizado, se ocupan del nacimiento de los seres; otros asisten a la persona que acaba de morir, etc. A cada ángel se le ha dado una función, la cual desarrolla de forma magistral en el engranaje cósmico.

En este sentido, cada ser y cada cosa de este mundo está al cuidado de uno de estos ángeles, devas o espíritus de la Naturaleza.

Varios investigadores de lo oculto, como Rudolf Steiner, Max Heindel, Kabaleb, Beltran Anglada… han estudiado este tema a fondo, y han llegado a la conclusión de que los ángeles, además de haber participado en la creación de nuestro universo, siguen creando nuestra propia realidad a partir de nuestra materia mental y de deseos. «Eres lo que piensas, habiéndote convertido en lo que pensaste», decía Gautama Buda hace ya miles de años. Y, en efecto, nuestros pensamientos se rodean de un cuerpo sutil o pensamiento-forma, el cual es tomado por los ángeles para moldear la realidad. Todo esto, evidentemente, se produce dentro de un orden universal inteligente donde actúan en armonía ángeles de diversas categorías y funciones. Trabajan así en conjunto los ángeles del karma, los del destino, los de la guarda, etc., haciendo que la evolución siga su curso y el ser humano, respetando por supuesto su libre albedrío, aprenda las lecciones necesarias para su evolución.

Los seres angélicos que se ocupan del ser humano son los 72 ángeles que pertenecen a los 9 coros conocidos como Serafines, Querubines, Tronos, Dominaciones, Potestades, Virtudes, Principados, Arcángeles, Ángeles. Éstos trabajan en nuestros cuerpos físico, emocional y mental para que podamos evolucionar de forma adecuada desde la inconsciencia hacia la omnisciencia. Las 72 porciones o asignaturas en que, como hemos dicho anteriormente, se ha sido dividido el designio divino son las que nosotros debemos asimilar. Los maestros o encargados de hacérnoslas aprender son los 72. Así, en cada encarnación traemos tres ángeles guardianes de este elenco que nos suministrarán la enseñanza adecuada de acuerdo con nuestro libre albedrío y disposición interna.

Cada ángel guardián dispone de un programa[25], que intentará suministrarnos, ya que será el que nosotros necesitamos aprender. Si todo en el Universo siguiera un orden divino, lo aprenderíamos sin poner ninguna objeción; pero ya hemos dicho que se produjo una anomalía, que fue denominada como la Caída[26]. A partir de aquí todo se ha trastocado y nada sigue un orden adecuado. Así, en una encarnación podemos dar un paso hacia adelante y en la siguiente, hacia atrás. Dicho de otro modo: en una encarnación podemos hacer más caso a

---

[25] Ver capítulo Los 72 ángeles de la Cábala.

[26] Ver capítulo La Caída y sus consecuencias.

la voz de nuestro ángel, y en otra seguir más los dictados de los luciferianos, que ya sabemos nos inducirán a hacer aquello que es contrario al designio de nuestro Yo Superior. Lo que hará que acumulemos una serie de deudas kármicas que tendremos que ir liquidando. Por tanto, a la hora de seguir fielmente el programa de nuestro ángel guardián tendremos que enfrentarnos con todos estos inconvenientes, que se verán reflejados en nuestra carta astral.

La forma que tienen los 72 de trabajar es la siguiente:

1º.- Nos infunden las enseñanzas cósmicas de acuerdo con su programa.

2º.- a) Nosotros las incorporamos en nuestra morada interna para aprender y que puedan ser para nosotros generadoras de conciencia; b) las rechazamos, por lo cual estas esencias van a parar al abismo. En el primer caso, nuestro crecimiento se produce siguiendo el orden cósmico de la evolución y trabajamos en armonía con los ángeles; en el segundo, esta esencia va a parar al abismo y, como iba destinada a nosotros, llegará a nosotros, sí, pero ahora por la vía luciférica o de los ángeles caídos (el ángel contrario), que invertirán la enseñanza haciendo que si, trabajando con la energía angélica nuestra experiencia era de amor, ahora la experiencia será de odio, hasta que aprendamos que es imposible vivir odiando y nosotros mismos cambiemos el orden de nuestra preferencia para que la demanda de energía de nuestros pensamientos y sentimientos sea sólo de amor y hagamos así uso de ella sin desperdiciarla, es decir, vivamos la experiencia que se pone delante de nosotros sin rechazarla. Esto, por supuesto, no es fácil de realizar, pero con esfuerzo y tesón lo conseguiremos, o sea, volveremos de nuevo a vivir la experiencia de amor que deberíamos haber vivido la primera vez que se nos dio la opción.

Se podría decir que los ángeles nos proporcionan la energía o combustible con el cual nosotros tenemos que trabajar, pero dependiendo de nuestra demanda interna, así será la experiencia que tengamos que vivir. Ya hemos dicho anteriormente que, según Buda, somos lo que pensamos. Esa es la clave del trabajo angélico: si mi deseo es bajo y rastrero, mi pensamiento será semejante y los que me proporcionarán la energía serán los luciferes, pero si mi deseo es elevado, lo harán los ángeles. La idea, por tanto, es ir purificando nuestra demanda interna, haciendo que nuestros pensamientos y deseos sean cada vez más elevados, pues de esta manera atraeremos a los ángeles y podrán trabajar más fácilmente en armonía con nosotros. Pero, claro está, cuando nos viene la energía angélica no tenemos que rechazarla, ya que se supone que antes la hemos demandado y, si ahora que se pone a nuestra disposición para que tengamos la experiencia, la rechazamos, estaremos desperdiciándola y entregándosela, como hemos dicho, a los luciferes

Para llegar a este estado de conciencia y trabajar con la energía más elevada sin rechazarla, propongo estudiar el programa angélico con detenimiento (el cual se encuentra en las virtudes de cada ángel, dentro del capítulo Los 72 ángeles de la Cábala), ver si nos estamos comportando de acuerdo con él o si, por el contrario, somos más afines a las energías del ángel contrario. Una vez que hayamos visto cuáles son nuestras predisposiciones internas con respecto a su enseñanza y qué energía es la que estamos trabajando, podremos cambiar lo que no nos conviene, pidiéndoselo mediante una plegaria[27] y haciendo el esfuerzo necesario para cambiar nuestros deseos negativos para que estén en armonía con la esencia angélica. Recordemos que de la calidad de nuestros deseos y pensamientos, dependerá la calidad de energía que atraeremos. Por tanto, esforcémonos en mantener nuestra mente en positivo, haciendo que nuestros pensamientos se acerquen lo máximo posible al orden cósmico.

---

[27] Véase el libro *Ángeles Protectores* (publicado en esta misma editorial) o *Plegarias y Exhortos de los 72 Genios de la Kábala*, donde se dispondrá (en ambos libros) de una serie de plegarias para cada ángel ya elaboradas.

CONCLUSIÓN

Hemos llegado al final del libro, y si se ha leído con atención, se verá enseguida que mi intención ha sido proporcionar al lector un punto de vista distinto, un estudio sobre los ángeles que, en mi opinión, ha sido poco difundido, el de fuerzas cósmicas que coexisten juntamente con el hombre y con el Creador para que la Creación pueda mantenerse en pie y seguir su curso evolutivo. No he querido dar a los ángeles el papel simplista que muchos les han asignado, relegándolos únicamente a meros intermediarios entre Dios y los hombres, sino también el de fuerzas creadoras y sostenedoras del Universo y del hombre, sin cuya función (ejercida de forma magistral y en sincronía con todas las fuerzas de Universo), apoyo y enseñanza dada constantemente a la Humanidad, ésta no podría mantenerse en pie y se detendría inmediatamente, caería de repente fulminada.

En mi opinión, negar estas fuerzas angélicas es lo mismo que negar el aire, pues aunque no lo veamos, no podemos dejar de respirarlo.

En el libro que acabas de leer, amado lector, he querido dar un conocimiento general de los ángeles del Universo y sus funciones especificas, centrándome en aquellos que más nos afectan a los seres humanos en particular, que son los ángeles guardianes o los 72 ángeles de la Cábala, y proporcionar su programa tradicional para que la Humanidad se acerque a ellos y conozca sus asignaturas y la manera de llevarlas a cabo con éxito para no tener que repetir curso innecesariamente.

La esencia dada a los hombres por nuestros ángeles guardianes, y que se muestra en este libro en el programa que cada uno proporciona, constituye la más valiosa de las enseñanzas, y de nosotros depende asimilarla mejor o peor, utilizarla para el bien o no utilizarla en absoluto, lo que, tarde o temprano, hará que tengamos que usarla en la forma negativa que nos proporcionan los ángeles caídos o luciferianos y aprender la misma lección pero de una forma contraria a como la aprenderíamos directamente de nuestros tutores angélicos, ya que la vida camina constantemente hacia adelante y nada puede detener su camino evolutivo.

Este programa tradicional angélico no ha de ser interpretado al pie de la letra, sino que, como el lector habrá podido comprobar, por las aclaraciones aportadas en el libro, se trata principalmente de un lenguaje simbólico y sólo debemos entenderlo como un mensaje que desvela nuestra propia organización interna, con sus defectos y virtudes. Es ahí, en nuestro interior, donde tenemos que realizar los cambios que debamos para poder mejorar nuestra vida exterior. Si no hay cambio interno a mejor, no se producirá el externo. Es por eso que me he empeñado en hacer especial hincapié en la esencia del ángel y el trabajo negativo del ángel de abajo, para que podamos ver, como en un espejo, con qué energía estamos trabajando y así poder cambiar para hacerlo mejor y llegar a demandar una energía más positiva y acorde con el trabajo de nuestro Yo superior, lo que, sin duda, redundará en altos beneficios para nosotros y nuestro entorno.

No he querido perderme demasiado en profundos conocimientos esotéricos de los ángeles, ni en realizar una concienzuda labor de interpretación simbólica del programa angélico, sino sólo hacer una sencilla aproximación al tema angélico, un resumen general destinado a todos los públicos. Digamos, proporcionar las claves, el gusanillo, para que todo aquel que lo desee pueda seguir investigando por su cuenta.

Si has leído este libro atentamente y has practicado algunos de sus consejos, habrás podido comprobar por ti mismo cómo las fuerzas angélicas son fuerzas vivas que están deseando ayudarte, pero siempre respetando, por supuesto, tu libre albedrío y la ley kármica. En definitiva, eso es lo que dará credibilidad al libro: las experiencias propias de cada lector con los ángeles. Por eso, si todavía no es tu caso, te invito a que pongas en práctica los consejos de este libro y estudies el programa que te transmiten tus ángeles guardianes, que son los más cercanos a ti, para mejorar tu vida y la de todos los seres que te rodean.

Deseo de todo corazón que así sea, pues ese es el hermoso objetivo que se ha puesto en marcha en la creación de este libro, y si se consigue, aunque sea con pocas personas, habrá cumplido fielmente con mis expectativas. Aunque, por supuesto, esperamos que sea de utilidad y pueda sacar grandes beneficios todo aquel que lo lea.

BIBLIOGRAFÍA

Beltrán Anglada, Vicente: *Los ángeles, las fuerzas ocultas de la Naturaleza*. Editorial Eyras.
Los ángeles y la estructuración de las formas. Editorial Eyras.
Los ángeles en la vida social humana. Editorial Eyras.

Ben Simón Halevi, Z'ev: *La Cábala*. Ediciones del Prado.

Blavastki, Madame: *La doctrina Secreta*. Editorial Sirio.

Buda: *Dhammapada, las enseñanzas del Buda*. Editorial Creación, Madrid, 2011. ISBN: 978-84-95919-71-7

Callejo, Jesús y Canales, Carlos: *Seres y lugares en los que usted no cree*. Editorial Complutense

García Consuegra, Jesús: *Jesús y Cristo, historia oculta de una misión divina*. Editorial Creación, Madrid, 2002. ISBN: 978-84-959190-1-4.

Geddes and Grosset: *Enciclopedia de la Biblia*. Editorial Robin Book.

Heindel, Max: *Sabiduría occidental o ciencia oculta cristiana* (tres tomos). Editorial Creación, Madrid.

Kabal, Leo: *Ángeles protectores*. Editorial Creación, Madrid, 2004. ISBN: 978-8495919-12-0.

Kabaleb: *Los dioses internos*. Editorial ETU.
Plegarias y Exhortos de los 72 Genios de la Kábala. Ed. ETU.

Leadbeater, C. W.: *Protectores invisibles*, Editorial Teosófica.

Lenain: *La ciencia cabalística*. Editorial Humanitas.

Malcolm, Godwin: *Ángeles, una especie en peligro de extinción*. Editorial Robin Book.

Papus: *La Cábala*. Editorial Humanitas.

Rottner, J. S.: *Libro de los ángeles*. Editorial Abraxas.

Steiner Rudolf: La ciencia oculta. Editorial Antroposófica.
Génesis,los secretos del relato biblico de la Creación. Kier.

OTROS TÍTULOS PUBLICADOS

JESÚS Y CRISTO, HISTORIA OCULTA DE UNA MISIÓN DIVINA

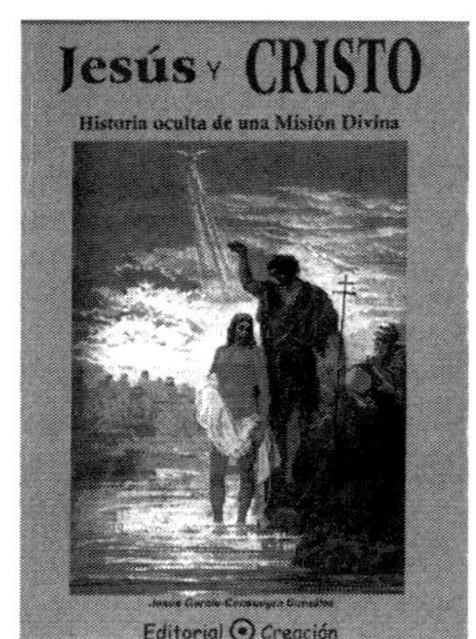

¿Quién es Jesús?, ¿quién es Cristo?, ¿cuál fue su Misión?, ¿está cerca Su segunda venida? ¿En que punto evolutivo se encuentra la Humanidad actualmente? ¿Por qué se produjo la caída terrenal y que consecuencias tuvo para el ser humano? Todas estas preguntas, y muchas más, son contestadas con claridad en este libro revelador.

SABIDURÍA OCCIDENTAL O CIENCIA OCULTA CRISTIANA VOL. I, II Y III

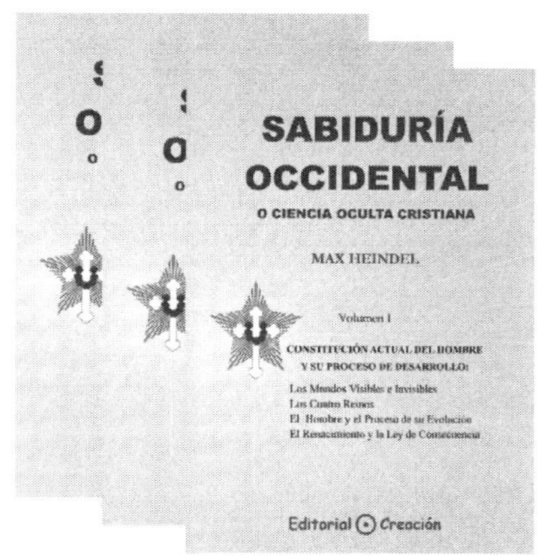

LA NUEVA EDICIÓN DE RECIENTE TRADUCCIÓN DE *EL CONCEPTO ROSACRUZ DEL COSMOS*

Enseñanzas que responden a las tres grandes preguntas de la Humanidad:
¿De dónde venimos?, ¿qué hacemos aquí?, ¿adónde vamos?

EVANGELIOS APÓCRIFOS

Verdaderas joyas históricas, legado de la Humanidad, que no pueden pasar desapercibidas para todo aquel que desee profundizar en las raíces del cristianismo.

Printed in Dunstable, United Kingdom